Paramhansa Yogananda

Erfolg ist, wenn deine Seele dein Leben berührt

AF186538

Verlag Via Nova

Paramhansa Yogananda

Erfolg ist, wenn deine Seele dein Leben berührt

Verlag Via Nova

Übersetzung aus dem Englischen:
Evelyn Horsch-Ihle

Originaltitel:
Yogananda, Paramhansa,
How to be a success
Crystal Clarity Publishers, Nevada City, CA 95959
Copyright © 2010 Hansa Trust

Crystal Clarity, Publishers,
c/o Ananda Edizioni
Morano Madonnuccia, 7
06023 Gualdo Tadino (PG) Italy
Phone: +39-075-9148375
www.anandaedizioni.it

---

2. Auflage 2023
Verlag Via Nova, Alte Landstr. 12, 36100 Petersberg
Telefon: (06 61) 6 29 73
Fax: (06 61) 96 79 560
E-Mail: info@verlag-vianova.de
Internet: www.verlag-vianova.de
Umschlaggestaltung: Guter Punkt, München
Satz: Sebastian Carl, Amerang
Druck und Verarbeitung: C.H. Beck, 86720 Nördlingen

ISBN 978-3-86616-451-2

INHALT

VORBEMERKUNG
DES HERAUSGEBERS

„Der Erfolg in deinem Leben hängt nicht nur von
den Fähigkeiten ab, mit denen du ausgestattet worden bist, er ist genauso abhängig von deiner Entschlossenheit, Gelegenheiten zu ergreifen, wenn sie
sich dir bieten. Gelegenheiten im Leben entstehen
jedoch, wenn du sie erschaffst, nicht durch Zufall."

PARAMHANSA YOGANANDA

Lieber Leser,
Yogananda zeigt dir in diesem Buch, wie du die grenzenlose Macht entwickeln kannst, die aus den innersten Kräften
deines Seins hervorgeht.

Paramhansa Yogananda kam 1920 aus Indien in die Vereinigten Staaten und hatte in seinem Gepäck die Lehren
und die Techniken des Yoga, jener uralten Wissenschaft
zur Erweckung der Seele. Er war der erste Yogameister,
der sich im Westen ansiedelte, und seine *Autobiografie
eines Yogi* wurde zum autobiografischen Weltbestseller
Nummer eins, der auch heute noch in allen Westlern eine
Faszination hervorruft, wenn es um die spirituellen Lehren
des Ostens geht.

Yoga ist die alte Wissenschaft der Umlenkung der Energien des Menschen nach innen, um ein spirituelles Erwachen hervorzurufen. Yogananda zeigte den Amerikanern jedoch nicht nur die praktischen und wirkungsvollen Prinzipien der Meditation, sondern brachte ihnen auch bei, wie man diese Prinzipien in allen Lebensbereichen anwenden kann.

Die Artikel, die in diesem Buch zusammengefasst sind, stammen aus unterschiedlichen Quellen: Die Lektionen schrieb er in den 1920er und 1930er Jahren, andere Artikel wurden vor 1943 in den Zeitschriften „Innere Kultur" und „Ost-Westliches Magazin" veröffentlicht und das Handbuch „Die Gesetze des Erfolgs" stammt aus dem Jahr 1944. Das meiste, das in dem vorliegenden Band veröffentlicht ist, war bisher so noch nicht verfügbar.

Wir wünschen uns sehr, dass in diesem Buch der Geist des Meisters deutlich wird – deshalb haben wir nur minimale Verbesserungen vorgenommen. Manchmal wurden bestimmte Sätze, die sich im vorliegenden Kontext wiederholten, ausgelassen. Manchmal wurden Worte oder Satzzeichen verändert, damit die Bedeutung klarer wurde. Aber wir haben großen Wert darauf gelegt, dass nichts von der ursprünglichen Absicht verlorenging.

Wir hoffen deshalb, dass du die Worte Yoganandas als Grundpfeiler für den Erfolg nutzen kannst, den du so sehr ersehnst.

Crystal Clarity Publishers

1. KAPITEL

WAS MAN BRAUCHT, UM ERFOLGREICH ZU SEIN

Gibt es eine Macht, die die verborgenen Geheimnisse reicher Menschen aufdecken kann und die die Schätze bloßlegt, von denen wir immer geträumt haben? Gibt es eine Macht, an die wir uns wenden können, die uns Gesundheit, Glück und spirituelle Erleuchtung schenkt? Die Heiligen und Weisen Indiens haben uns gelehrt, dass es eine solche Macht gibt. Sie haben uns die Wahrheiten gezeigt, die wir übersehen oder vergessen haben, und diese Wahrheiten werden jetzt auch für dich arbeiten, wenn du ihnen eine echte Chance dafür einräumst.

Der Erfolg in deinem Leben hängt nicht nur von den Fähigkeiten ab, mit denen du ausgestattet worden bist, er ist genauso abhängig von deiner Entschlossenheit, Gelegenheiten zu ergreifen, wenn sie sich dir bieten. Gelegenheiten jedoch kommen im Leben, wenn man sie sich schafft, nicht durch Zufall. Sie wurden durch *dich* erschaffen, entweder jetzt oder zu irgendeinem Zeitpunkt, der noch nicht so lange oder doch schon lange zurückliegt. Da du sie also verdient hast, nutze sie auch und mache das Beste daraus. Damit machst du dein Leben lebenswerter, jetzt und in Zukunft – vor allem, wenn du deine Aufmerksamkeit auf deine unmittelbaren Bedürfnisse richtest und alle deine Fähigkeiten und verfügbaren Informationen einsetzt, um sie zu erfüllen. Du musst dabei wirklich *alle* Kräfte entwickeln, die Gott dir gegeben hat, vor allem jene grenzenlose Macht, die aus den innersten Kräften deines Wesens hervorgeht.

Deine Gedanken werden dich unausweichlich entweder zum Erfolg oder zum Misserfolg führen – *je nachdem, welcher Gedanke stärker ist.* Deshalb musst du aufrichtig an deine eigenen Pläne glauben, du musst alle deine Talente einsetzen, damit du diese Pläne auch durchführen kannst, und du musst offen sein, damit Gott durch dich arbeiten kann. Gottes Gesetze sind immer wirksam und zeigen deinen Erfolg oder Misserfolg an, je nachdem, welche Art von Gedanken du für *gewöhnlich* in dir trägst. Wenn dein Gedankenfluss für gewöhnlich negativ ist, dann reicht ein gelegentlicher positiver Gedanke nicht aus, um die innere Schwingung auf Erfolg umzupolen.

Beschäftige dich nicht ständig mit deinen Problemen. Lasse sie manchmal zur Ruhe kommen, und es könnte sein, dass sie sich von selbst erledigen – aber achte darauf, dass du dich nicht so lange ausruhst, bis deine ganzen Pläne sich in Luft aufgelöst haben. Nein, nutze diese Ruhezeiten, wenn deine geistigen und körperlichen Bemühungen eine Pause machen, und gehe dann tief in dich hinein – an jenen Ort der Ruhe, wo dein inneres Selbst regiert. Wenn du im Einklang mit deiner Seele bist, dann wirst du in der

Lage sein, über alles, was du tust, richtig nachzudenken, und wenn deine Gedanken oder Handlungen weggedriftet sind, dann kannst du sie wieder mit dir in Einklang bringen.

Dynamische Willenskraft

Um wirklich erfolgreich zu sein, solltest du aber nicht nur positiv denken, sondern deine Willenskraft und deine Handlungsbereitschaft kontinuierlich und bewusst einsetzen. Denn alles, was du in deiner Umgebung sehen kannst, ist das Ergebnis von Willensprozessen, aber die Macht des Willens wird oft nicht bewusst eingesetzt. Es gibt einen mechanisch eingesetzten Willen und einen bewusst eingesetzten Willen. Wille und Willenskraft stecken hinter allem, was wir tun. Ohne Willenskraft könnten wir weder gehen noch sprechen oder arbeiten, wir könnten auch nicht denken oder fühlen. Diese Energie ist potenziell immer aktiv – wenn wir sie nicht einsetzen wollen, müssen wir uns hinlegen und uns überhaupt nicht mehr bewegen. Selbst wenn du nur eine Hand bewegst, setzt du Willenskraft ein. Es ist völlig unmöglich zu leben, ohne diese Kraft einzusetzen, aber um erfolgreich zu sein, muss sie auf richtige Weise gelenkt werden.

Wenn du nun eine dynamische, also zielgerichtete Willenskraft erzeugen willst, beschließe, ein paar Dinge zu tun, von denen du überzeugt warst, du könntest sie niemals tun. Versuche es anfangs mit ganz einfachen Aufgaben. Dann, wenn dein Vertrauen gestärkt ist und dein

Wille geschmeidiger und dynamischer wird, kannst du dich schwierigeren Aufgaben zuwenden. Stelle sicher, dass du etwas wirklich Gutes gewählt hast – und dann weigere dich, Misserfolg zuzulassen. Widme deine ganze Willenskraft dem Erreichen dieses Zieles – aber nie mehr als nur einem! Zerstreue also deine Energie nicht oder lasse etwas halbgetan liegen, um dann etwas Neues anzufangen.

Setze deine ganze Willenskraft ein, um dich selbst zu vervollkommnen. Du solltest dich dabei mehr und mehr auf deinen Geist verlassen, denn dieser ist der Schöpfer deines Körpers und deiner Umstände. Einen Gedanken mit dynamischer Willenskraft zu erfüllen, bedeutet, ihn so sehr mit deiner Entschlossenheit zu durchdringen, bis er eine äußere Form annimmt. Wenn deine Willenskraft sich auf diese Weise entwickelt und wenn du dein Schicksal mit deiner Willenskraft kontrollieren kannst, kannst du unglaubliche Dinge bewirken.

Zusammengefasst noch einmal die drei Regeln, mit denen du deine Willenskraft dynamisieren kannst:

1. Wähle eine einfache Aufgabe, ein einfaches Ziel aus, das du bisher noch nie erreicht hast, und entschließe dich, genau darin erfolgreich zu sein.
2. Stelle sicher, dass du dir etwas Konstruktives und Erreichbares ausgesucht hast, und dann weigere dich, einen Misserfolg auch nur in Erwägung zu ziehen.
3. Konzentriere dich auf eine einzige Aufgabe und setze alle deine Fähigkeiten und Gelegenheiten ein, um sie Wirklichkeit werden zu lassen.

Übe dich darin, deinen bewussten und nicht nur einen mechanisch reagierenden Willen einzusetzen, und stelle dazu sicher, dass deine Willenskraft konstruktiv und nicht für schädliche Zwecke oder unwichtige Dinge eingesetzt wird. Sei immer sicher, dass das, was du willst, wirklich für dich das Richtige ist, und dann setze die ganze Macht deiner Willenskraft ein, um dein Ziel zu erreichen, wobei du immer deinen Geist auf Gott ausgerichtet halten solltest, der die wahre Quelle von allem ist.

Lebensenergie und Willenskraft

Das menschliche Gehirn ist die Lagerstätte der Lebensenergie. Diese Energie wird ständig für Muskelbewegungen, für die Arbeit des Herzens, der Lungen, des Zwerchfells und des zellulären Stoffwechsels, für die chemischen Prozesse des Blutes und für die Weiterleitung des Nervensystems gebraucht.

Die Lebensenergie ist aber nicht nur dafür da. Sie wird vom Geist ebenso aktiviert wie von den Emotionen oder vom Körper, denn sie ist an allen Denk-, Fühl- und Handlungsprozessen des Körpers und der Seele beteiligt. *Je stärker der Wille, desto größer ist die Menge an Energie, die in dem entsprechenden Körperteil eingesetzt wird.*

Einer der größten Feinde der Willenskraft ist die Furcht. Vermeide sie darum sowohl in deinem Denken als auch in deinem Handeln. Die Lebenskraft, die ständig durch deine Nerven fließt, wird nach außen gepresst, wenn deine Nerven durch Furcht gelähmt sind, und dadurch wird die

Vitalität des Körpers vermindert. Furcht lähmt also deine Willenskraft. Wenn Furcht aufkommt, wird eine Furchtbotschaft an alle Organe ausgestoßen. Diese lähmt das Herz, verstört die Verdauungssäfte und verursacht viele andere körperliche Störungen. Deshalb musst du darauf achten, gut auf dich aufzupassen, aber niemals verängstigt zu sein.

Misserfolg als Anregung

Ein Misserfolg sollte eher als etwas gesehen werden, was deine Willenskraft anregt und was dein materielles und spirituelles Wachstum fördert. Reiße darum die Gründe deines Versagens aus wie Unkraut und wirf dich dann mit doppeltem Einsatz in das, was du zu erreichen beabsichtigst. *Die Zeiten des Misserfolgs sind die besten Zeiten, um die Samen des Erfolgs auszusäen.*

Der Knüppel der Umstände mag dir blaue Flecken verpassen, aber du darfst trotzdem nicht den Kopf hängen lassen. Versuche es immer *noch einmal*, ganz gleich, wie oft du es schon nicht geschafft hast. Kämpfe darum, wenn du glaubst, nicht mehr kämpfen zu können, oder wenn du glaubst, du hättest schon dein Bestes gegeben, kämpfe so lange, bis deine Anstrengungen von Erfolg gekrönt sind.

Jede neue Mühe nach einem Misserfolg muss jedoch gut geplant sein. Außerdem solltest du sie immer mit einem Mehr an Aufmerksamkeit und dynamischer Willenskraft aufladen.

A und B kämpften miteinander. Eine lange Zeit verging, da dachte A: „Ich kann nicht mehr!" B sagte sich: „Ja, nur noch ein Faustschlag!" Er holte aus und A fiel zu Boden. So musst du es machen. Sei derjenige, der den letzten Fausthieb gibt. Setze deine ganze Willenskraft ein.

Der Mensch, der Erfolg hat, hatte vielleicht anfangs sogar mehr Schwierigkeiten als andere Menschen, aber er redet nicht darüber. Er lässt nicht einmal den Gedanken an seine Misserfolge zu.

Bis du weißt, wie du deine Aufmerksamkeit vom Misserfolg auf Erfolg umpolst, von Sorgen zu Ruhe, von geistiger Ablenkung zu Konzentration, von Unruhe zu Frieden, von Frieden zu bewusster göttlicher Seligkeit in deinem Inneren – so lange sind alle deine Mühen vergeblich. Wenn du aber einmal diese Kontrolle erreicht hast, dann hat sich der Sinn deines Lebens wahrhaftig erfüllt und dein Ruhm wird beginnen zu strahlen.

Nehmen wir einmal an, du hast bisher nur Misserfolge gehabt. Es wäre doch dumm, nun den Kampf aufzugeben und dein Versagen als Wink des Schicksals anzusehen. Es ist doch besser, im Kampf zu sterben, als den Kampf aufzugeben, wenn es immer noch eine Möglichkeit gibt, mehr zu erreichen, denn nach deinem Tod werden deine Kämpfe in deinem nächsten Leben nur von vorn beginnen. Erfolg oder Misserfolg kommen nur durch das, was du dir erworben hast – als Folge dessen, was du in der Vergangenheit getan hast, plus dem, was du gerade jetzt tust. Deshalb musst du intensiv an deine Erfolge in deinen vergangenen Leben denken, so lange, bis sie sich aufgeladen haben und den Einfluss vorherrschender Misserfolgstendenzen überlagern.

Analysiere dich

Ein weiteres Geheimnis deines Fortschritts liegt in der Selbstanalyse. Introspektion ist wie ein Spiegel, in dem du Teile deines Geistes erkennen kannst, die dir ansonsten verborgen geblieben wären. Es ist nie zu spät, deine Misserfolge genau zu diagnostizieren und deine guten und deine schlechten Eigenschaften kritisch zu überprüfen. Analysiere, was du bist, was du werden willst und welche Tendenzen oder Schwächen dich behindern. Entscheide, was deine tiefe und geheime Aufgabe ist – deine Lebensmission – sodass du wirklich das aus dir machen kannst, was du sein sollst und was du sein möchtest. Wenn du auf dieses Ziel hinarbeitest, dann setze deine ganze Initiative ein, ebenso wie deine Willenskraft.

Was bedeutet es, seine ganze Initiative einsetzen? Sie ist diejenige schöpferische Eigenschaft in deinem Inneren, die ein Funke des unendlichen Schöpfers ist. Dieses Wissen kann dir die Macht geben, etwas zu erschaffen, was niemand bisher erschaffen hat. Sie bringt dich dazu, Dinge auf neue Art und Weise anzugehen. Die Leistungen eines Menschen mit Initiative sind so spektakulär wie eine Sternschnuppe. Er schafft es, das, was bisher unmöglich schien, möglich zu machen, und er setzt dazu den machtvollen Erfindungsreichtum des göttlichen Geistes ein.

Du allein bist für dich verantwortlich. Deine Freunde und die Welt deiner Aktivitäten werden für deine Taten nicht geradestehen, wenn der Moment der letzten Abrechnung kommt. Niemand hat die Macht, dich von deinem Glück wegzuziehen, es sei denn, du erlaubst negativen Gedanken und Handlungen von anderen, dich so zu beeinflussen. Du hast Pflichten in der Welt, in genau dem Einflussbereich, in den dein Karma (deine Handlung) dich gestellt hat. Trage deshalb dazu bei, dass du erlöst wirst, indem du deinen Nächsten dienst. Genau wie die neutralen Sonnenstrahlen solltest du Strahlen der Hoffnung in die Herzen der Armen und Verlassenen senden, im Herzen der Mutlosen Mut entfachen und neue Stärke in die Herzen derjenigen schicken, die glauben, dass sie Versager sind.

Lerne, in allen Menschen Gott zu sehen. Wenn du anfängst, dein Einssein mit jedem Menschen zu spüren, dann wirst du wissen, was göttliche Liebe ist. Wenn du dienst, dann vergisst du dein kleines Selbst, und dann wirst du das Eine, das unermessliche Selbst Gottes, erkennen, das durch uns alle fließt.

Die meisten von uns neigen dazu, sich immer wieder selbst in Schutz zu nehmen und andere kalt zu analysieren, beherrscht von unseren Vorurteilen. Wir sollten diesen Prozess umkehren, indem wir anderen beistehen und uns selbst kalt analysieren. Wenn du jemand anderen analysierst, dann geht das nur gut, solange du deinen Geist dabei völlig frei von Vorurteilen hältst. Dein vorurteilsloser Geist muss wie ein klarer Spiegel sein, der fest und sicher gehalten wird und nicht durch voreilige Rückschlüsse ins Wanken gerät. Dann, und nur dann, wirst du ein unverzerrtes Bild des Menschen sehen, der sich in dir widerspiegelt.

Kontrolliere deine Gewohnheiten

Bis du selbst zum Meister deiner selbst geworden bist, also in der Lage bist, dich dazu zu bringen, die Dinge zu tun, die du tun solltest, aber vielleicht nicht tun willst, bist du als Seele nicht wirklich frei. Diese Freiheit ist nichts, das du erwerben könntest – aber in dieser Freiheit liegt das Samenkorn ewiger Freiheit verborgen.

Was dein Leben wirklich kontrolliert, sind nämlich nicht deine vorüberziehenden Gedanken oder deine brillanten Einfälle, sondern deine Alltagsgewohnheiten. Denkgewohnheiten sind wie geistige Magneten, sie ziehen spezifische Objekte an, je nachdem, wie stark ihr Magnetismus ist. Materielle Gewohnheiten ziehen materielle Dinge an.

Schlechte Gewohnheiten sind vorübergehende, Elend verursachende Pfropfen in deiner Seele. Das Naturgesetz sieht vor, dass du ein wenig mehr Güte in dir hast als Bosheit und dass deine Bosheit von der größeren Macht deiner Güte aufgesogen wird. Wenn du aber immer etwas weniger Güte als Bosheit in dir hast, dann wird deine Güte nach und nach von dem größeren Anteil boshafter Tendenzen in dir überlagert werden.

Wenn dich darum eine schlechte Angewohnheit stört, dann schwäche sie, indem du alles vermeidest, was sie angeregt oder veranlasst hat, ohne dass du dich in deinem Eifer, sie zu vermeiden, allzu sehr darauf konzentrierst. Dann richte deinen Geist stattdessen auf eine gute Angewohnheit aus und halte sie energetisch aufrecht. Kultiviere diese Gewohnheit, bis sie zu einem Teil von dir wird.

Es gibt immer zwei Kräfte, die in dir gegeneinander kämpfen. Eine sagt uns, dass wir Dinge tun sollen, die wir nicht tun sollten, und die andere drängt uns, Dinge zu tun, die wir tun sollten, und gerade auch Dinge, die schwierig erscheinen. Eine Kraft ist die Stimme des Bösen und die andere ist die Stimme Gottes.

Wenn du in der Lage bist, dich von deinen schlechten Angewohnheiten zu befreien, und wenn du in der Lage bist, Gutes zu tun, weil du Gutes tun willst und nicht weil Schlechtes zu tun dir nur Leid verursachen wird, dann kommst du wirklich voran. Du bist nämlich nur dann ein wirklich freier Mensch, wenn du deine schlechten Gewohnheiten ablegen kannst.

Die Quelle des Willens finden

Ich habe einige der Eigenschaften benannt, die du in dir fördern musst, damit du wirklich erfolgreich wirst – positiv denken, dynamischer Wille, Selbstanalyse, Initiative, Selbstkontrolle – aber dies sind nur die ersten Schritte. Viele Bücher betonen eine oder mehrere dieser Eigenschaften, aber sie zollen der Macht, die dahintersteht, keine Anerkennung. Selbstanalyse sollte zu einem besseren Verständnis deines inneren Selbst führen. Dein dynamischer Willen wird nur dann blühen, wenn er in Einklang mit dem göttlichen Willen steht.

Der Wille ist diejenige Kraft, die den Kosmos und alles, was darin ist, bewegt. Es war Gottes Wille, der die Sterne in den Raum geschossen hat. Es ist Sein Wille, der die Planeten auf ihren Umlaufbahnen hält und der die Zyklen von Geburt, Wachstum und Verfall lenkt.

Als Jesus sagte: „Dein Wille geschehe!", was meinte er damit? Er meinte damit, dass ein Mensch, der seinen Willen mit dem göttlichen Willen in Einklang bringt, der von Weisheit gelenkt ist, den göttlichen Willen für sich einsetzt. Du kannst aber nicht wissen, was der göttliche Wille ist, wenn du deinen eigenen Willen nicht entwickelt und gelernt hast, ihn dann mit dem Willen des Höchsten in Harmonie zu bringen. Dieser göttliche Kontakt kann nur durch Meditation erreicht werden.

Der göttliche Wille hat keine Grenzen, er wirkt in allen Körpern, in allen Dingen. Er kann den Lauf des Schicksals ändern, er kann Tote zum Leben erwecken und die Umlaufbahn der Planeten ändern. Du musst deshalb deinen Willen bei jeder Handlung trainieren, so lange, bis er seine Illusion, ein menschlicher Wille zu sein, aufgibt und stattdessen eins mit dem allmächtigen Willen wird. Du brauchst dazu nur zu *wissen*, dass du ihn schon besitzt und dass das Bild Gottes in dir ist.

Wenn du von Irrtum und Täuschung gelenkt wirst, dann wird dich auch dein menschlicher Wille in die Irre führen, aber wenn du von Weisheit gelenkt wirst, dann steht dein Wille im Einklang mit dem göttlichen Willen. Unglücklicherweise wird der göttliche Plan oft genug unter den Konflikten des menschlichen Lebens vergraben und du verlierst die Führung, die dich aus den Klauen des Irrtums retten könnte.

Nur wenn du deine Willenskraft auf richtige Weise einsetzt, kannst du in Kontakt mit dem Willen Gottes kommen.

Der Ozean der Fülle

Genauso, wie die ganze Macht in Seinem Willen liegt, so sind alle spirituellen und materiellen Gaben Ausdruck Seiner grenzenlosen Fülle. Damit du damit in Einklang kommst, musst du aus deinem Geist alles Mangeldenken entfernen. Der Universelle Geist ist vollkommen, er kennt keinen Mangel. Um diesen niemals endenden Fluss zu erreichen, musst du in dir ein Bewusstsein von Fülle erzeugen, selbst wenn du nicht weißt, woher der nächste Dollar für dich kommen wird. Wenn du dich weigerst zu verzagen, wenn du deinen Teil tust und dich dann darauf verlässt, dass Gott schon den Seinen dazugeben wird, dann wirst du merken, dass seltsame Kräfte dir zu Hilfe eilen und dass deine schöpferischen Wünsche sich erfüllen.

Da Gott die Quelle aller geistigen Macht und allen Wohlstands ist, setze nicht als Erstes deinen Willen ein und handle danach, sondern komme mit Gott in Kontakt und spanne so deinen Willen und deine Handlungsweise vor den rechten Wagen. Ebenso jedoch, wie du über ein kaputtes Mikrophon nichts übertragen kannst, so kannst du dein Gebet nicht durch ein geistiges Mikrophon übertragen, das durch Rastlosigkeit gestört ist. Wenn du in tiefer Ruhe bist, dann kannst du dadurch dein geistiges Mikrophon reparieren und die Empfangsbereitschaft deiner Intuition steigern, sodass du deine Bitte zu Ihm senden und Seine Antworten empfangen kannst.

Der Wert der Meditation

Wenn du ruhig und im Einklang mit der schöpferischen Schwingung bist, wie kannst du dann dein geistiges Mikrophon nutzen, um Ihn zu erreichen? Die Methode der Meditation ist der einzige Weg dazu, der wirklich befriedigt.

Durch die Macht der Konzentration und Meditation kannst du die unermessliche Kraft deines Geistes so lenken, dass du erreichst, was du dir ersehnst, und du kannst alle Türen bewachen, durch die ein Scheitern eindringen könnte. Alle Männer und Frauen, die erfolgreich sind, haben viel Zeit darauf verwendet, sich zu konzentrieren und zu meditieren – auch wenn einige von ihnen niemals das Wort „Meditation" benutzt hätten, um ihre mentalen Prozesse zu beschreiben. Sie waren Menschen, die tief in ihre Probleme eintauchen und mit den Perlen der richtigen Lösung wieder auftauchen konnten. Wenn du lernst, wie du deine Aufmerksamkeit von allen Objekten der Ablenkung abziehen und sie stattdessen auf das eine Ziel deiner Konzentration richten kannst, dann wirst du wissen, wie du mit deiner Willenskraft das anziehen kannst, was du brauchst.

Wenn du etwas wirklich Wichtiges erschaffen möchtest, dann setze dich ruhig hin, beruhige deine Sinne und Gedanken und meditiere tief über das, was du tun oder erreichen willst. Dann wirst du von der großen kreativen Kraft des Geistes geleitet werden. Danach musst du alle materiellen Ressourcen einsetzen, um das hervorzubringen, was du erreichen willst.

Was muss ich dann tun?

Ich habe bereits einige der Erfolgseigenschaften diskutiert und euch auch mitgeteilt, wie man sie einsetzen soll. Aber weißt du wirklich, was Erfolg begründet? Was bedeutet das Wort für dich? Wahrer Erfolg entsteht, wenn du deine geistige Effizienz so sehr erhöhst, dass du dich mit allem versorgen kannst, was du im Leben brauchst – aber erinnere dich, dass es einen großen Unterschied gibt zwischen den Dingen, die du wirklich *brauchst,* und denen, die du dir *wünschst.*

Um ein erfolgreiches Leben zu führen, musst du als Erstes eine echte Zielsetzung für dich finden. Diese Zielsetzung muss vor allem für dich selbst die richtige sein, denn dann werden alle göttlichen Kräfte dich bei deinen Planungen und Aktivitäten leiten. Wenn du dich wirklich für eine Zielsetzung in deinem Leben entschieden hast, dann musst du dafür sorgen, dass alles dieser Zielsetzung dient. Außergewöhnliches Talent ist nicht so notwendig wie eine unerschütterliche Entschlossenheit und ein unermüdlicher Einsatz bei deinen Bemühungen.

Wird die Erfüllung deiner Zielsetzung, die du dir gewählt hast, deinen Erfolg garantieren? Dafür musst du dich fragen, was Erfolg für dich bedeutet? Wenn du eine wirklich gute Gesundheit besitzt und sehr vermögend bist, aber viel Ärger mit jedem einschließlich mit dir selbst hast, dann besitzt du in Wirklichkeit sehr wenig. Der gesamte Lebenszweck ist dann vergeblich, wenn du durch ihn nicht wirklich glücklich werden kannst. Deshalb muss dein Erfolg daran gemessen werden, wie groß das Glück ist, das durch ihn entsteht – durch deine Fähigkeit, in Harmonie mit den kosmischen Gesetzen zu handeln – und nicht dadurch, wie viel Gesundheit, Prestige oder Reichtum du erzielst.

Entscheide dich dafür, glücklich zu sein

Gott bestraft dich nicht und Er belohnt dich auch nicht, denn Er hat dir die Macht gegeben, dich selbst zu belohnen oder zu bestrafen, dadurch, dass du deine Vernunft und deine Willenskraft entweder gut einsetzt oder sie missbrauchst. Du selbst bist es, der die Gesetze der Gesundheit, des Wohlstands und der Weisheit verletzt und dich dadurch mit Krankheit, Armut und Unwissenheit straft. Höre deshalb auf, deine Lasten alter geistiger und moralischer Schwächen, die du in der Vergangenheit angesammelt hast, weiterzutragen, verbrenne sie im Feuer deiner Entschlossenheit und mache dich frei.

Glücklichsein hängt bis zu einem gewissen Grad von äußeren Faktoren ab, aber hauptsächlich davon, wie dein Geisteszustand beschaffen ist. Um glücklich zu sein, muss man über eine gute Gesundheit verfügen, über einen effizienten Geist, über ein erfolgreiches Leben, über die rechte Arbeit, über ein dankbares Herz und vor allem über eine universelle, alles erreichende Weisheit.

Eine starke Entschlossenheit, wirklich glücklich sein zu wollen, kann dir dabei helfen. Warte nicht darauf, dass sich deine Umstände ändern, und glaube nicht, dass darin deine Schwierigkeiten begründet liegen. Mache dein Unglücklichsein nicht zu einer chronischen Gewohnheit, denn es ist alles andere als angenehm, unglücklich zu sein, und es ist ein Segen für dich und andere, wenn du glücklich bist. Wenn du unglücklich bist, dann vergisst du die Tage, an denen du glücklich warst, und wenn dann dein Glück eintritt, scheinen die Tage deines Unglücks für immer verschwunden zu sein. Sonnige Tage aber können nicht wertgeschätzt werden, wenn es keine bewölkten Tage geben würde, deshalb kann auch Glücklichsein nicht wertgeschätzt werden, ohne dass du irgendwann auch Unglücklichsein erlebt hättest.

Finde Seine Macht in dir

Nutze die Macht, die du schon besitzt, in einer konstruktiven Weise – und sie wird immer größer werden. Gehe weiter mit unbeirrbarer Entschlossenheit und setze alle deine Erfolgseigenschaften ein. Komme in Einklang mit der kosmischen Macht. Dann wirst du die kreative Macht des Geistes für dich einsetzen können. Du wirst in Verbindung mit der Unendlichen Intelligenz sein, die dich leiten kann und die alle deine Probleme löst. Die Kraft der dynamischen Quelle deines Seins wird durch dich fließen, sodass du kreativ in der Geschäftswelt auftreten kannst, ebenso wie in der Welt der Weisheit.

Wenn du Gott absolut davon überzeugen kannst, dass du Ihn mehr als alles andere ersehnst, dann wirst du im Einklang mit Seinem Willen sein. Wenn dein Wille Ihn weiterhin so sehr ersehnt, ganz gleich, was geschieht, um dich von Ihm wegzuziehen, dann handelst du immer gemäß dem Willen Gottes.

Die Macht der Wahrheit liegt in dir. Wenn du entschlossen bleibst und dich bemühst, wirst du nie wieder in Furcht und Ungewissheit deinen Lebensweg gehen. Es gibt eine Macht, die deinen Weg bescheinen wird und die dir Gesundheit, Glück, Frieden und Erfolg bringt, wenn du deinen Willen auf dieses Licht ausgerichtet hältst. Schwimme im Ozean der Unendlichkeit, des Friedens und der grenzenlosen Glückseligkeit jenseits aller deiner Träume: in dir selbst!

Dein göttliches Geburtsrecht

Ich werde Gott immer als Allererstes suchen und sicherstellen, dass ich wirklich in Kontakt mit Ihm bin. Dann, wenn es Sein Wille ist, werden alle Dinge – Weisheit, Fülle und Gesundheit – mir als Teil meines göttlichen Geburtsrechtes geschenkt werden, denn Er hat mich nach Seinem Bild geschaffen. Ich wünsche mir Wohlstand, Gesundheit und Weisheit ohne Maß, nicht aus irdischen Quellen, sondern aus den vollen, allesbesitzenden, allmächtigen, allüberfließenden Händen Gottes.

2. KAPITEL

WAS IST DEIN LEBENSZIEL?

Die meisten Menschen leben wie mechanisch vor sich hin, ohne irgendein Ideal oder einen Lebensplan. Sie kommen auf die Erde, kämpfen um ihren Lebensunterhalt und verlassen dann wieder die Ufer der Sterblichkeit, ohne zu ahnen, warum sie eigentlich hier sind.

Ganz egal, was dein Lebensziel ist – der Mensch entwickelt vor allem Bedürfnisse, die er sich erfüllen möchte, wenn nötig, mit Kampf. Es ist aber sehr wichtig, zu erkennen, welches seine wahren Bedürfnisse sind, und sich auf diese zu konzentrieren und nicht eine Unmenge sinnloser zusätzlicher Sehnsüchte zu erzeugen. Der Mensch muss unterscheiden zwischen seinen wahren Bedürfnissen und nutzlosen „Notwendigkeiten".

Ein Mensch, der in nutzlose Notwendigkeiten und materielle Prestigeobjekte verstrickt ist, vergisst, sich auf seine Körperbedürfnisse und auf die großen Bedürfnisse nach geistigem Wachstum und göttlicher Zufriedenheit zu konzentrieren, weil diese scheinbar weniger wichtig sind.

Er kauft sich neue Autos und neue Kleidung auf Raten,

sodass er ständig verschuldet ist und gezwungen wird, seine ganze Zeit damit zu verbringen, noch mehr Geld zu verdienen – ohne dass er dies aber schafft. Er hat dann keine Zeit mehr, seine geistige Leistungsfähigkeit auszubauen und seinen inneren Frieden zu kultivieren, denn er ist zum Sklaven der tyrannischen Forderungen seiner luxuriösen Gewohnheiten geworden.

Aber Wohlstand besteht nicht nur darin, Geld zu verdienen, er besteht auch darin, seine geistige Leistungsfähigkeit zu entwickeln, durch die man auf Dauer Gesundheit, Wohlstand, Weisheit und Frieden erschaffen kann.

Bei der Suche nach Erfolg muss man sich auf seine **Bedürfnisse** konzentrieren, nicht auf seine **Wünsche**. Es ist ganz gut, dass der Mensch nicht alles bekommt, was er sich wünscht, und dass das Kosmische Gesetz einem nicht diejenigen Wünsche erfüllt, durch die man leiden würde. Ein Kind bittet seinen Vater vielleicht darum, dass er ihm eine wunderschöne, aber gefährliche Giftschlange fangen soll, aber der Vater erfüllt einen solchen, gefährlichen Wunsch nicht. Das Göttliche Gesetz verweigert einem auch die Erfüllung schädlicher, wenn auch vorübergehender Vergnügungen. Denn als Gottes Kind kann der Mensch durch das Geschenk seines freien Willens natürlich darauf bestehen – und tut das oft auch – sich nach Dingen zu sehnen, die ihm anfangs scheinbar Entzücken bereiten, aber auf Dauer schädlich für ihn sind.

Je größer das Bedürfnis, desto größer die Wahrscheinlichkeit, dass es erfüllt werden wird. Aber bevor du das bekommst, was du dir wünschst, musst du die Macht entwickeln, nach Belieben das zu bekommen, was du brauchst.

Was aber sind deine wahren Bedürfnisse? Nahrung für deinen Körper, für deinen Geist und deine Seele, Unterkunft, Wohlstand, Gesundheit, Konzentrationskraft, ein gutes Gedächtnis, ein verständnisvolles Herz, Freunde, Weisheit und Glückseligkeit sind einige der menschlichen Bedürfnisse. Eine einfache Lebensweise, an Höheres denken und wahres Glück in sich zu finden, damit man auch andere spirituell glücklich machen kann, sind ebenfalls echte Bedürfnisse.

Wahres Glück ist dauerhaft, weil es seinem Wesen nach spirituell ist, während ein einfaches „Glücklichsein", das nur auf Sinnesfreuden basiert, sich nur allzu bald in Leid verwandelt. Die Sinne dazu zu bringen, dass sie den Bedürfnissen des Körpers und des Geistes folgen, führt zu wahrem Glück, sich ihnen nur hinzugeben, bringt nichts als Kummer und Leid. Sich nach angenehmen Sinnesobjekten zu sehnen, wird nur allzu oft verwechselt mit einem natürlichen *Bedürfnis*, statt zu erkennen, dass es sich hier um einen künstlich erzeugten *Wunsch* handelt. *Wünsche* sollte man nicht in sich vermehren, stattdessen sollte die Konzentration darauf gerichtet werden, die wahren *Bedürfnisse* zu erfüllen oder wirkliche Notwendigkeiten sicherzustellen.

In der Regel wird die Aufmerksamkeit eines Menschen von seinen unnötigen Wünschen und von seinem ständig wachsenden Verlangen in Anspruch genommen. Jedes Verlangen nach der Befriedigung unnötiger *Wünsche* muss jedoch ausgelöscht werden.

Wenn man stattdessen die Aufmerksamkeit jeweils nur auf ein einziges, aber wahres Bedürfnis richtet, dann ist das der erste Schritt in die richtige Richtung. Lege dein größtes Bedürfnis fest, berücksichtige dabei alle Lebensumstände und auch dein wahres Glücklichsein, und dann gib deine gesamte Aufmerksamkeit und Energie dort hinein, um dein Ziel schnellstmöglich zu erreichen.

Irre nicht ziellos herum, verloren im Dschungel des Lebens und mit ständig abnehmendem Glück, weil dich die Dornen neuer Begehrlichkeiten gestochen haben. Du musst dein Lebensziel finden und den kürzesten Weg, der dich dorthin führt. Reise nicht auf unbekannten Wegen, sodass du dich neuen Schwierigkeiten gegenübersiehst. Zu viel falscher Ehrgeiz ist genauso schlecht wie zu viel passive Behaglichkeit.

Als Menschen sind wir mit Bedürfnissen ausgestattet worden und wir müssen uns ihren Anforderungen beugen. Ein Mensch ist jedoch nicht nur ein körperliches, sondern auch ein geistiges und spirituelles Wesen, deshalb muss er sich um sein gesamtes Wohlbefinden kümmern und jede Einseitigkeit vermeiden. Eine wunderbare Gesundheit und guten Appetit zu besitzen, aber kein Geld zu haben, um diese Gesundheit zu bewahren oder den Hunger zu stillen, ist quälend. Eine überaus gute Gesundheit zu besitzen und mit Wohlstand ausgestattet zu sein, aber mit dir und anderen nur Schwierigkeiten zu haben, ist mitleiderregend. Kerngesund zu sein, wohlhabend und geistig fit zu sein, aber keinen inneren Frieden und kein Wissen über die höchste Wahrheit zu besitzen, ist nutzlos und unbefriedigend.

Die meisten Menschen glauben, dass sie nur dann wohlhabend sind, wenn sie viel Geld besitzen, aber wirklicher Erfolg bedeutet, dass dir alles zur Verfügung steht – alle Dinge, die notwendig für deine gesamte Existenz sind. Nur sehr wenige Menschen kennen die wahre Bedeutung von „Bedürfnissen". Wenn das Bedürfnis auf bestimmte, klar umrissene Dinge heruntergebrochen werden kann, dann kann das Bedürfnis leicht befriedigt werden.

Geld ist kein Fluch. Es ist die Art und Weise, in der du das Geld verwendest, die wichtig ist. Du kannst eine Banknote fragen: „Soll ich mit dir Gift kaufen?", aber sie wird nicht antworten. Wenn du aber diese hirnlose Banknote missbrauchst, dann wird sie dich strafen. Wenn du sie auf rechte Weise benutzt, dann wird sie dir Glück bringen. Es gibt keinen Heiligen, der in seiner Arbeit ganz ohne Geld ausgekommen wäre. Jeder, der isst, muss dafür bezahlen und es ist besser, dass du in der Lage bist, dein Essen zu kaufen, als dass du von der Armenspeisung abhängig bist.

Die meisten Menschen verbrauchen alle ihre geistige Energie damit, zu versuchen, Geld zu verdienen, und manche, die darin sehr erfolgreich sind, sterben an Herzversagen, bevor sie in der Lage sind, ihr Glück auch auszukosten. Der ganze Lebenszweck wird sinnlos, wenn du das wahre Glück nicht finden kannst. Wenn dein Vermögen weg ist, dann hast du nur ein wenig verloren, wenn deine Gesundheit weg ist, dann hast du schon ein wenig mehr verloren, aber wenn dein Friede weg ist, dann ist alles verloren.

Du musst die Kraft deines Körpers vergrößern und dann die Kraft deines Geistes aufbauen. Der beste Weg, deine geistige Kraft zu vermehren, besteht darin, zu versuchen, jeden Tag etwas Wertvolles zu vollbringen. Versuche, die Dinge zu tun, von denen man dir gesagt hatte, dass du sie nie schaffen würdest. Je mehr du an dir arbeitest, desto mehr kannst du der Freund aller Menschen sein.

Wenn du dich entschlossen hast, etwas zu tun, dann lasse eher die Erde und die Sonne vor dir verschwinden, aber gib nicht auf. Du bist ein Kind Gottes – also bist du genauso gut wie der größte Mensch auf dieser Erde. Du musst deine Willenskraft so ausbalancieren, dass du bei einer Sache bleiben kannst, bis du darin erfolgreich bist.

Als Erstes wähle deine Arbeit sorgfältig aus. Nimm dir so viel Zeit, wie du brauchst, um zu entscheiden, welcher Berufung du folgen willst. Du musst deinen Beruf wirklich lieben, wenn du erwarten willst, darin auch erfolgreich zu sein. Wenn du bisher noch nichts gefunden hast, was du gerne tun würdest, dann suche danach. Wenn du dich entschieden hast, dann halte an deiner Entscheidung fest.

Wenn wir denken, dass wir uns überarbeiten, dann werden wir sehr entmutigt. Wie eine Uhr nicht 24 Stunden in eine Minute packen kann, so kannst du auch nicht in einer Stunde tun, was 24 Stunden braucht, um erledigt zu werden. Lebe jeden Augenblick in seiner ganzen Fülle und die Zukunft wird schon für sich selbst sorgen. Erfreue dich vollkommen an den Wundern und Schönheiten jedes Augenblicks. Übe, ganz in Gegenwart deines inneren Friedens zu sein. Je mehr du das tust, desto mehr wirst du die Präsenz dieser Macht in deinem Leben spüren.

Millionen Kinder haben ihren Lebenspfad begonnen, ohne dass sie einen Plan oder ein Ziel für sich hatten. Sie verhalten sich dann wie kleine aufgezogene Spielautos, die, ohne ihre Spur halten zu können, gegen alles stoßen, was ihnen in den Weg kommt. Solche ziellosen Lebensreisen sind das Los der meisten Menschen, weil sie in ihrem frühen Leben noch keine richtige Ausrichtung bekommen haben. Sie bekamen auch nicht die passenden systematischen Kräfte mit, die sie bei ihrer Entwicklung auf einem zielgerichteten Weg hätten unterstützen können. In diesem Lebensstadium sind die meisten Menschen wie Marionetten, an denen entweder ihre Umgebung zieht oder vorgeburtliche Instinkte oder das Schicksal. Sie tun ihre Pflicht im Leben, als ob sie Schlafwandler wären.

Du solltest aber deinen Lebensweg festlegen, indem du die Neigungen, die in deiner frühen Kindheit entstanden sind, genau betrachtest und so deine angeborenen Interessen aufdeckst. Wenn du erst einmal deinen Weg gefunden hast, dann versuche alle kreativen Wege einzusetzen, die du kennst, um Geld zu verdienen. Deine Methoden jedoch sollten immer in Übereinstimmung mit deinem Idealismus stehen, denn sonst verdienst du vielleicht viel Geld, wirst aber nicht glücklich dabei.

Wache auf! Es ist nie zu spät, zu analysieren, was du bist und was deine tiefverborgenen Aufgaben sind, sodass du das aus dir machen kannst, was du sein solltest. Du hast Talente und Kräfte, die du bisher noch nicht eingesetzt hast. Du hast alle Kräfte, die du brauchst. Es gibt nichts Größeres als die Macht des Geistes. Lasse deinen Geist auferstehen von den kleinen Gewohnheiten, die dich im Weltlichen gefangen halten. Lächle dieses ewige, unendliche Lächeln – das Lächeln Gottes. Lächle das starke Lächeln ausgewogener Sorglosigkeit, jenes Milliarden-Dollar-Lächeln, das dir niemand nehmen kann.

3. KAPITEL

SCHLECHTE GEWOHNHEITEN ABLEGEN

Die Samen von Krankheit und Misserfolg ausmerzen

Die Reaktion eines Menschen auf seine verschiedenen Lebenserfahrungen – wie er also den Prüfungen in der Schule des Lebens gegenübertritt – zeigt an, wie weit er sich in Richtung auf seine Vollkommenheit entwickelt hat. Seine Reaktionen auf seine Alltagserfahrungen beeinflussen also nicht nur seinen Fortschritt im Hinblick auf die höchste und letzte Freiheit, sondern bestimmen auch über viele Inkarnationen hinweg seinen Erfolg oder Misserfolg und auch das Maß seiner Gesundheit oder Krankheit.

Wie manche körperlichen Krankheiten, die ihre Wurzeln tief in seinen Körper senken, werden die schlimmen Auswirkungen falscher Handlungsweisen eines Menschen bis zu ihrer Auslöschung Teil seines bewussten, unterbewussten und überbewussten Geistes und werden nicht nur in einem, sondern in vielen Leben wirksam.

Was verursacht Glück oder Unglück?

Die Misserfolge und Erfolge eines Menschen schlagen Wurzeln in seinem Geist. Solange er sich nicht verwirklicht hat oder sich durch zunehmende Weisheit gut entwickelt, tragen sie Samen in sich, die die Seele als Anlagen und Aspekte in eine weitere Inkarnation weitertragen muss. Diese störrischen Geister der Vergangenheit verbergen sich in den Winkeln deines Geistes und kommen plötzlich zum Vorschein, helfen dir oder behindern dich, je nach den Umständen, mit denen du konfrontiert bist. Diese verborgenen Anlage-Samen können Menschen dann dazu bringen, dass sie in ihren Unternehmungen Misserfolge haben, trotz aller bewusster Bemühungen.

Während des Krieges verlor Henry Ford beinahe sein ganzes Vermögen. Er war sehr reich geworden, weil er in früheren Leben schon wohlhabend war, aber sein Geist bewahrte in seinem Zellgedächtnis immer noch die Samenkörner einer Angst vor Misserfolgen auf, die er in seinen vergangenen Leben real erlebt hatte. Als die Umstände während des Krieges unvorteilhaft für seinen Geschäftsbereich wurden, begannen diese Ängste zu sprießen und verursachten beinahe seinen finanziellen Ruin. Wenn er sich erlaubt hätte, wirklich entmutigt zu sein, dann hätte er wohl alles verloren. Durch eine übermenschliche Willensanstrengung jedoch kampfte er die brutalen Konkurrenten aus dem Weg, die entschlossen waren, seine Gesellschaft zu zerstören. Sein Erfolgsbewusstsein der Vergangenheit wurde verstärkt durch die Kraft seiner Initiative in diesem Leben, außerdem durch sein geübtes Geschäftsurteil, durch seine Gabe, die richtigen Mitarbeiter auszuwählen, durch sein Durchhaltevermögen und durch seinen Wagemut.

Um es zusammenzufassen: Erfolg in finanzieller Hinsicht hängt einerseits davon ab, wie viele Fähigkeiten dazu du in deinen vergangenen Leben angesammelt hast, außerdem aber auch von deiner Initiative und deinem Willen zum Durchhalten in diesem Leben.

Handlungen aus der Vergangenheit und Gegenwart beeinflussen unser Leben

Wenn eine Tendenz zum Erfolg aus vergangenen Leben und die Bemühungen, in diesem Leben erfolgreich zu sein, schwach ist, dann sind die Chancen für einen finanziellen Erfolg in dieser Inkarnation fast nicht vorhanden. Wenn die Erfolgstendenz eines Menschen aus der Vergangenheit stark ist, während gleichzeitig sein derzeitiges Leben von mangelnder Aktivität und Trägheit geprägt ist, dann ist er wahrscheinlich entweder in eine wohlhabende Familie hineingeboren worden oder wird plötzlich ein Vermögen erben.

Der Mensch, der ein starkes Wohlstandsbewusstsein aus seinen vergangenen Leben sein Eigen nennt und in diesem Leben alle Mühen aufwendet, Geld zu verdienen, wird bei allen seinen Unternehmungen erfolgreich sein; solch ein Mensch erlebt selten Misserfolge und hat ein unfehlbares Gespür für Geschäfte. Wenn jemand mit einer Armutstendenz aus seinen früheren Leben anfängt, diese aber in diesem Leben überwinden möchte, dann muss er – um erfolgreich zu sein – sich sehr bemühen. Er wird dann entweder erst spät in seinem Leben wohlhabend werden oder kämpfend sterben. Aber diese Mühe ist dennoch nicht vergebens gewesen, denn in seiner nächsten Inkarnation wird alles von einem Erfolgskarma geprägt sein, das er aus diesen Bemühungen mitbringt.

Diejenigen, die ihre Misserfolge als Schicksalsschläge hinnehmen, sind Narren, denn Erfolg oder Misserfolg ist immer das Ergebnis von etwas, was entweder im gegenwärtigen oder im vergangenen Leben entstanden ist. Wenn du in der Vergangenheit nicht wohlhabend geworden bist oder wenn du reich warst und deinen Reichtum verloren hast, dann bestimmt die Art deines Sterbens, wie du wiedergeboren wirst. Wenn du mit einem Bewusstsein deines Verlustes stirbst, dann wirst du in Armut wiedergeboren werden. Aber wenn du dich wirklich bemühst, dieses Handicap zu überwinden, dann stimulierst du damit dein unterschwelliges Erfolgsbewusstsein deiner vergangenen Leben, sodass es den Einfluss der Misserfolgstendenzen überwindet.

Der Wille ist die wirksamste Waffe des Menschen

Ein Mensch kann kein absoluter Versager sein, wenn er nicht zulässt, dass seine Versagensangst ihn lähmt.

Erfolgstendenzen stehen immer bereit, um dem Individuum, das sich unaufhörlich bemüht zu helfen, während

Misserfolgstendenzen denjenigen zerstören, der sich „seinem Schicksal" ergibt. Es sind dies unsichtbare Freunde oder Feinde. Wenn der Betreffende seinen Willen durch wiederholte und rechtmäßige Bemühungen ankurbelt, dann wird er die Erfolgstendenzen wecken, die in der Kammer seines Unterbewusstseins schlafen. Der Wille ist die Waffe, mit der man Misserfolg überwinden kann. Der konstante Einsatz seines Willens hält ihn geschliffen und so ist er bereit, ihm treu zu dienen. Die Macht eines starken Willens, der von göttlicher Weisheit gelenkt wird, ist grenzenlos. Für seinen Besitzer ist nichts unmöglich.

Der Mensch trägt in sich die Samen seiner vergangenen Irrtümer, aber er trägt auch die Samenkörner der gesamten Erfüllung in sich. Unter günstigen Umständen treiben diese aus und ihr Wachstum hilft ihm, das Unkraut des Misserfolgs auszureißen. Finanzieller Erfolg im Leben ist nicht unmöglich für denjenigen, der weiß, wie man die Misserfolgstendenzen durch die Macht der Superkonzentration zerstört.

Wie man seine Wünsche aufgibt

Die einzige Möglichkeit auf der Welt, Wünsche aufzugeben, besteht darin, als erfolgreicher Mensch bereit zu sein, Menschen mit Misserfolgen im Leben zu helfen. Du musst sie darin unterstützen, ihr vergangenes Karma zu überwinden und ihre Initiative anzuregen. Manche Menschen befriedigen ihre Sucht nach Reichtum dadurch, dass sie ihre Mitmenschen arm machen, andere teilen ihren Reichtum nicht. Ihre Selbstsucht ist für viel Leid in der Welt verantwortlich. Es ist traurig, dass Menschen, die einen Rolls-Royce fahren, oft die Bedürfnisse geistiger und körperlicher Krüppel übersehen, die niemals die Hilfe erhalten haben, die sie in die Lage versetzen würde, sich selbst zu helfen.

Wenn ein wohlhabender Mann, der Erfolg gehabt hat, indem er seine eigenen Versagenstendenzen überwunden hat, faul wird oder die Bedürfnisse anderer ignoriert, könnte es sein, dass er später seinen Reichtum wieder verliert, indem er beispielsweise falsche Investitionen tätigt oder im nächsten Leben Armut anzieht. Reiche Menschen, die das Leid anderer nicht achten, werden oft mit einer Sucht nach Luxusgütern wiedergeboren, ohne dass sie die Mittel dazu hätten, ihre Sucht zu befriedigen.

Die Bedeutung der Meditation

Ein Mensch, der nach dauerhaftem Erfolg strebt, sollte jeden Morgen und jeden Abend meditieren. Wenn die Friedensstrahlen göttlichen Bewusstseins seine Rastlosigkeit durchdringen, sollte er diese Strahlen in seinem Gehirn und seinem Geist konzentrieren, die lauernden Samen vergangener Misserfolge ausgraben und stattdessen die Samen des Erfolges einpflanzen.

Mit anderen Worten, während der Meditation spürt der Yogi die Macht der Konzentration im Willenszentrum am Punkt zwischen den Augenbrauen und erlebt auch ein Gefühl vollkommenen Friedens in seinem ganzen Körper. Wenn er aus seinen Gehirnzellen nun die Samen vergangener Misserfolge oder Krankheiten auslöschen will, dann muss er diese Friedens- und Konzentrationsmacht so lenken, dass er sie in seinem ganzen Gehirn fühlen kann. Auf diese Weise werden die Gehirnzellen imprägniert mit Frieden und Kraft und ihre vererbte chemische und psychologische Zusammensetzung wird verändert.

Wenn Misserfolg dich wiederholt trifft, dann sei nicht entmutigt. Diese Misserfolge sollten eher etwas sein, was dich zu materiellem und spirituellem Wachstum anregt. Der Zeitraum des Misserfolgs ist die beste Jahreszeit, um die Samen des Erfolgs zu säen. Reiße darum die Ursachen des Misserfolges aus wie Unkraut und stürze dich mit doppelter Wucht in das, was du erreichen willst. Die Umstände mögen dich niederknüppeln, aber behalte nichtsdestotrotz deinen Kopf oben. Tod beim Versuch, erfolgreich zu sein, ist Erfolg. Verweigere darum jedes Bewusstsein einer Niederlage. Versuche es immer noch einmal, ganz egal, wie oft du es schon vergeblich versucht hast. Wenn du dein Bestes getan hast und glaubst, dass du nicht mehr kannst, dann halte noch eine Minute oder mehr im Rennen um den Erfolg durch.

Jeder neue Versuch nach einem Misserfolg muss sehr genau durchgeplant und mit steigender Intensität und Aufmerksamkeit geladen sein.

Bösartige Samen vergangenen Karmas können zerstört werden, wenn du sie im Feuer deines anhaltenden Bemühens verglühen lässt. Die meisten Menschen geben die Hoffnung genau dann auf, wenn die Waagschale guten Karmas sich gerade niedersenkt und ihnen Früchte bringt. Auf diese Weise verpassen sie ihre Belohnung.

Wenn du die Einflüsse der Samenkörner drohender oder chronischer Krankheiten ausbrennen willst, dann solltest du die Energetisierungsübungen, die die Körperbatterie aufladen, mit voller Konzentration ausführen, gefolgt von der Hong-So-Technik der Konzentration und der OM-Technik der Meditation (zu finden über Crystal Clarity Publishers). Wenn du diese Techniken praktizierst, dann sollten dein Gesundheitsbewusstsein, deine Energie und deine Kraft dabei im Vordergrund stehen. Wenn diese Kraft im Körper als unauslöschlicher Fluss der Lebenskraft gespürt wird, dann muss er im Gehirn und im Geist ununterbrochen für eine lange Zeit konzentriert werden. Auf diese Weise wird die Vitalkraft alle drohenden Krankheiten und Krankheitstendenzen aus deiner Vergangenheit auslöschen.

Wenn du einen Minderwertigkeitskomplex hast, dann erinnere dich daran, dass Erfolg, Gesundheit und Weisheit dein Geburtsrecht sind. Dein Schwächegefühl könnte seinen Ursprung in einem oder mehreren Faktoren haben. Es kann mit Entschlossenheit, Mut, gesundem Menschenverstand und Gottesglauben sowie durch Vertrauen in dich selbst überwunden werden.

Wenn du fest davon überzeugt bist, ein Versager zu sein, dann verändere deine geistige Einstellung, jetzt sofort! Werde unerschütterlich in deiner Überzeugung, dass du über das notwendige Potenzial verfügst, großartig und erfolgreich zu sein. Manchmal könnte es hilfreich für dich sein, dich an deine geistigen Reaktionen bei Gelegenheiten zu erinnern, als du bei manchen Unternehmungen erfolglos warst.

Praktiziere die Hong-So-Technik der Konzentration voll Vertrauen und regelmäßig und hole dir Rat bei deinem spirituellen Lehrer.

Du könntest es auch notwendig finden, dein geistiges oder körperliches Umfeld zu verändern, damit du die richtigen Denkgewohnheiten in dir einrichten kannst.

Wenn du erst einmal den ersten Erfolg gehabt hast, dann handle mit Weisheit und Durchhaltevermögen, ganz gleich, was passiert, bis du dir selbst demonstrierst, dass du erfolgreich bleiben kannst, was du ja auch selbst schon angenommen hattest.

Angst und Versagen überwinden

Das Phänomen der Angst ist ein geistiges Gift, es sei denn, man nutzt es als Gegengift, als einen Stimulus, der einen Menschen dazu bringt, seine Vorsicht zu aktivieren. Furcht stellt einen bösartigen Magnetismus dar, der die Objekte der Furcht anzieht, wie ein Magnet Eisenstücke anzieht. Furcht vergrößert unser ganzes Leid. Sie intensiviert und vergrößert unsere körperlichen Schmerzen und unsere geistigen Qualen um das Hundertfache. Furcht ist schädlich für das Herz, für das Nervensystem und für unser Gehirn. Sie schadet auch unserer Initiative, unserem Mut, unserem Urteilsvermögen, unserem gesunden Menschenverstand und unserer Willenskraft.

Furcht vergiftet das Unterbewusste und das Unterbewusste wiederum kann die bereitwilligen Bemühungen des bewussten Geistes zerstören. Furcht wirft einen Schleier über unsere Intuition und versteckt die allmächtige Macht unseres Vertrauens und die alles überwindende Macht der Seele.

Furcht und Versagensangst

Misserfolge und Erfolge bleiben zutiefst im bewussten, unterbewussten und überbewussten Geist eines Lebens verwurzelt. Wenn sie nicht durch Erfüllung oder Weisheit erlöst werden, dann häufen sie sich und reisen im Tod über das Grab hinaus. Erfolge und Misserfolge werden als Keime oder Veranlagungen mit in ein weiteres Leben genommen. Diese Keime oder Veranlagungen aus einem früheren Leben beginnen – auch wenn sie im Allgemeinen in diesem Leben verborgen sind – sich dann zu manifestieren, wenn günstige Keimbedingungen aufzutauchen beginnen.

Wenn dich etwas bedroht oder verletzt, dann sitze nicht tatenlos herum – tue etwas, in aller Ruhe, tue etwas schnell, aber tue *irgendetwas*, und versammele dazu alle deine Willenskraft und alles Urteilsvermögen. Dein Wille ist die motivierende Kraft, die die Handlungsmaschine in Gang setzt.

Angst vor Versagen oder Krankheit werden kultiviert, wenn man sie wie Heu immer wieder im Geist umherwendet, bis sie sich im Unterbewussten und letztlich auch im Überbewussten verwurzeln. Von hier fängt die Furcht an zu sprießen und füllt den bewussten Geist mit Angstpflanzen, die Früchte mit giftigem Inhalt tragen.

Wenn du nicht in der Lage bist, deine Furcht, die in dir herumspukt und die dir Bilder von Versagen oder Krankheit schickt, zu entfernen, dann lenke deine Aufmerksamkeit ab, indem du spannende Bücher liest, die deine Aufmerksamkeit absorbieren, und gib dich vielleicht sogar harmlosen Vergnügungen hin. Dein Geist wird dann vergessen, dich mit seiner Angst heimzusuchen, und du kannst dann mit frischer Energie die Schaufel verschiedener geistiger Strategien aufnehmen und die Wurzeln der Versagensangst und Furcht vor Krankheiten aus dem Boden deines Selbst ausgraben.

Entferne die Angst, indem du dich so stark wie möglich auf deinen Mut konzentrierst und indem du dein Bewusstsein auf den absoluten Frieden richtest, der in deinem Inneren ruht. Wenn du so einmal deine Angst entfernt hast, beschäftige dich mit Methoden, wie du Wohlstand und Gesundheit erlangen kannst.

Furchtlosigkeit ist eine Kardinaltugend deiner Seele

Umgib dich mit gesunden und wohlhabenden Menschen, die Krankheit und Misserfolg nicht fürchten. Für deine chronischen Krankheiten und deine wiederholten Misserfolge gibt es einen tiefverwurzelten Grund. Faulenzer haben keinen Erfolg. Sie leiden zügellos oder verwandeln ihre Körper nach und nach in eine Grube voll verborgener Krankheitskeime, die im Winterschlaf auf ihren Einsatz warten.

Für einen unbewussten Materialisten mag es dann aussehen, als ob eine Krankheit eben genetisch bedingt oder das Ergebnis eines physikalischen Gesetzes sei. Der Arzt sagt dann, dass schon der Vater oder Großvater Tuberkulose hatte und dass dies der Grund ist, weshalb der Sohn sie auch bekommt. Aber der spirituelle Arzt, der den tieferen Ursachen chronischer Krankheiten und ungerechter Leiden nachspürt, findet heraus, dass die so genannten Erbkrankheiten nicht von einer Seele zu einer anderen aufgrund von physischen Gründen weitergegeben werden. Er sagt, dass der ungeborene Sohn, der eine Anlage zur Tuberkulose aus einem vergangenen Leben in sich trug, zu einer Familie gezogen wird, wo es eine Infektion mit Tuberkulose gibt.

Natürlich kann Tuberkulose auch in einem gesunden Körper entstehen, wenn man gewisse physische und hygienische Gesetzmäßigkeiten missachtet. Kein Mensch, sei er auch noch so gesund, gütig oder wohlhabend, kann sich seiner Zukunft gewiss sein, es sei denn, er hat alle Keime vergangener Leben zerstört.

Fürchte dich nicht vor Unfällen oder Krankheiten, wenn du sie schon einmal erlitten hast, nein, fürchte dich vor deiner Furcht, denn Furcht kann zu wiederholten Unfällen oder Krankheiten führen und Furchtlosigkeit wird sie in aller Wahrscheinlichkeit anzeigen oder wenigstens ihre Macht neutralisieren.

Der Tod ist ein Befreier

Hab keine Angst zu sterben, denn der Tod ist ein Befreier und du wirst nicht zweimal sterben. Wenn der Tod zu dir kommt, dann wird die Ursache deiner Furcht vergangen sein. Wenn du intensiv leidest, dann befreit uns der Tod von allem Schmerz und geistigem Leid.

Töte die Furcht, indem du weißt, dass du über alles Kämpfen hinaus von Gottes ewiger Sicherheit geschützt bist. Du bist sicher   sogar, wenn der Tod an deine Tür klopft. Die schützenden Strahlen Gottes können die drohenden Wolken des Jüngsten Gerichts verbrennen, sie könne die Wellen der Herausforderungen beruhigen und dir ein Gefühl von Sicherheit geben, selbst wenn du auf dem Schlachtfeld des Lebens bist und die Kugeln der Probleme dir unbarmherzig um die Ohren pfeifen. Ohne Gott jedoch sind weder dein Leben noch deine Gesundheit oder dein Wohlstand geschützt, selbst wenn du dich in einem hygienischen Schloss voll Üppigkeit versteckst, umgeben von unüberwindlichen Gräben.

Wenn dich die Furcht überkommt, dann spanne dich an und entspanne dich wieder, atme mehrere Male aus. Knipse den Schalter der Ruhe und Lässigkeit an. Lasse deine gesamte geistige Maschinerie erwachen und summe aktiv mit der Schwingung deines Willens mit. Dann spanne deine Willenskraft vor die Räder deiner furchtlosen Achtsamkeit und deiner ständigen guten Urteilskraft, denn sie müssen immer wieder rotieren und geistige Lösungen herbeiführen, damit du deinen speziellen bevorstehenden Miseren entkommst.

4. KAPITEL

GUTE GEWOHNHEITEN ENTWICKELN

Göttlicher Vater, das hier ist mein Gebet: Ich will mich nicht um das kümmern, was ich dauernd besitze, aber bitte, gib mir die Macht, dasjenige willentlich zu erwerben, was ich täglich brauche. Oh, mein Vater, meine Mutter, mein Freund, Geliebter und Gott, ich will vernünftig sein, ich will, ich will, ich will handeln, aber bitte, lenke Du meine Vernunft, meinen Willen und meine Handlung zu der rechten Sache, die ich tun soll.

Gewohnheiten sind geistige Mechanismen, die uns in die Lage versetzen, automatisch zu handeln, während unser Bewusstsein frei für andere Pflichten bleibt. Eine Gewohnheit entsteht dann, wenn wir aufmerksam mehrfach eine Handlung wiederholen.

Manche Menschen brauchen viel Zeit, um geistige Gewohnheiten zu entwickeln, die sie gesund und wohlhabend machen und die es ihnen ermöglichen, Weisheit zu erwerben. Die Zeit, die zu diesem Zweck aufgewendet wird, kann aber in Wirklichkeit verkürzt werden. Langsame oder schnelle Gewohnheitsbildung ist abhängig von deinem allgemeinen Gesundheitszustand, vom Zustand deines Nervensystens einschließlich deiner Gehirnzellen und vom Typus der gewohnheitsbildenden Maßnahmen, die eingesetzt werden. Die meisten Menschen gehen dies in ihren Gedanken und Handlungen nur halbherzig an und sie haben dann auch keinen Erfolg dabei. Eine geistige Gewohnheit muss stark und dauerhaft sein, damit sie sich materialisieren kann.

Beispielsweise muss das Gedeihen deiner Gesundheit so kultiviert werden, dass du nur gesunde Gedanken denkst – so lange, bis die Ergebnisse offensichtlich werden. Eine unfehlbar ganzheitliche und mutige geistige Einstellung ist absolut notwendig, wenn du deine Bedürfnisse und Wünsche erfüllen willst. Misserfolg bei deinem Vorankommen und in deiner Gesundheit ist immer die Folge schwacher geistiger Gewohnheiten im Hinblick auf Wohlstand und Gesundheit.

Während ein nachlässiger, zerstreuter Schwachkopf eine lange Zeit braucht, um auch nur eine einfache Gewohnheit in sich zu bilden, kann ein intelligenter, zielgerichteter Mensch leicht dasselbe in einem Drittel der Zeit allein durch seine Willenskraft erreichen. Wenn du deshalb eine geistige, körperliche oder spirituelle Gewohnheit besitzt, die deinen Fortschritt behindert, befreie dich jetzt davon – verschiebe es nicht auf morgen!

Affirmiere: „Ich bin gesund" oder „Ich bin weise". Die positive Affirmation muss so stark sein, dass sie vollständig jeden unterbewussten, entmutigenden, negativen feindseligen Gedanken ausmerzt, der dir vielleicht zuflüstert: „Du Narr, du wirst es nie schaffen. Du bist eben ein Versager, und du wirst nie so etwas wie weise werden!" Du musst *wissen*, dass alles, was du dir wirklich zutiefst wünschst, sich in kurzer Zeit materialisieren wird.

Wenn du Affirmationen praktizierst, musst du als Übender Geduld mit dir haben. Glaube daran, dass du wirklich von Geburt an gesund bist, wenn du dir eine gute Gesundheit wünschst, glaube daran, dass du es verdient hast, wohlhabend zu sein, wenn du dir Wohlstand wünschst, glaube daran, dass es dein Geburtsrecht ist, weise zu sein, wenn du dir Weisheit wünschst – und dann werden sich Gesundheit, Wohlstand und Weisheit in dir manifestieren.

Verändere den Lauf deiner Gedanken – wirf alle negativen geistigen Gewohnheiten aus deiner mentalen Struktur heraus. Ersetze sie durch ganzheitliche, mutige Denkmuster und wende sie in deinem Alltag mit unverbrüchlichem Vertrauen an.

Das Leben eines Menschen wird nicht durch falsche Entschlüsse bestimmt, sondern durch Gewohnheiten. Wenn

Menschen an eine gute Gesundheit gewöhnt sind, an Wohlstand und einen hohen Lebensstandard, dann scheinen alle diese Dinge ganz leicht zu ihnen zu kommen. Genauso ist es, wenn Armut und Misserfolg das Gewohnte sind: Sie kommen mit ebensolcher Gleichförmigkeit.

Gute oder schlechte Gewohnheiten kann man leicht und natürlich bilden und das bringt entsprechend gute oder schlechte Ergebnisse. Erfolg und Misserfolg sind Gewohnheiten. Wenn du deshalb an Armut oder Krankheit gewöhnt bist, musst du lernen, dich stattdessen an Wohlstand und Gesundheit zu gewöhnen. Wenn Misserfolg, Krankheit und Unwissenheit deine ständigen Begleiter sind, dann hält nur ein Mangel an Willenskraft dich davon ab, die Hilfe von Erfolg, Gesundheit und Weisheit in Anspruch zu nehmen, um sie endgültig und dauerhaft zu vertreiben.

Erfolg, Gesundheit und Weisheit sind die natürlichen Eigenschaften und Gewohnheiten der Seele. Wenn du dich mit schlechten Gewohnheiten, negativem Denken, einem Mangel an Konzentration oder Durchhaltevermögen oder Mut identifizierst, dann sind diese verantwortlich für das Leid, das Menschen ertragen müssen.

Nimm auch kleine Pflichten sehr ernst. Wusstest du, dass du nur fünf bis sechs Prozent deiner Aufmerksamkeit auf deinen Beruf richtest? Du solltest deine Konzentration von jetzt an zu hundert Prozent auf das richten, was du tust.

Jede gute Arbeit ist eine Arbeit für Gott, wenn du sie in diesem göttlichen Bewusstsein tust. Nur Arbeit, die man aus ausschließlich selbstsüchtigen Motiven tut, ist materiell. Wenn du Geld verdienst, denke immer daran, dass du es für deine Mitmenschen tust, selbst wenn du keine Familie hast. Zerstöre die illusionäre Spaltung zwischen materieller und spiritueller Arbeit.

Liebe deine Arbeit, die du jetzt tust, aber setze dich nicht zur Ruhe darin. Du brauchst Fortschritt und du musst versuchen, der Allerbeste in deinem Berufszweig zu werden. Du musst die grenzenlose Macht der Seele in allem zum Ausdruck bringen, was du anfängst. Jede Position, die du einnimmst, wird der Grundstein für eine höhere sein, wenn du danach strebst, aufzusteigen. Du musst ständig schöpferisch sein und neuen Erfolg herstellen und kein Geschäftsautomat werden.

Die Stadien des Erfolges sind folgende:

1. Wähle einen guten materiellen und spirituellen Beruf aus, der dir wirklich gefällt.
2. Führe deine Arbeit mit Achtsamkeit, Liebe und Interesse aus.

3. Bleibe beständig in deinem Interesse und sei übermenschlich in deiner Geduld bei deiner Arbeit.
4. Denke immer daran, wie du weiterkommen kannst. Neutralisiere die Tendenz, deine Arbeit mechanisch auszuführen.
5. Finde das Königreich des Erfolgs.

Alle Menschen, die nicht erfolgreich sind, befolgen entweder diese Gesetze nicht oder verletzen sie bewusst.

Erinnere dich daran, dass Gelegenheiten in deinem Leben dann kommen, wenn du sie erschaffst, und nicht durch Zufälle. Sie wurden von dir erschaffen, entweder jetzt oder in der nahen oder weit entfernten Vergangenheit. Wenn du bisher nicht die Gelegenheit hattest, dann erschaffe sie durch deinen Willen, der der göttliche Wille ist, und sie werden zu dir kommen. Sie kommen niemals aus eigenen Stücken oder durch Zufall oder Glück.

Erfolg ist etwas für den hart arbeitenden Menschen, den Menschen mit kreativer Fertigkeit, denjenigen, der weiß, wie man sparsam wirtschaftet. Erfolg ist etwas für den Menschen, der Finanzexperten um Rat bittet, bevor er sein Geld investiert. Erfolg ist etwas für den Menschen, der umso härter arbeitet, wenn er einmal gescheitert ist. Erfolg ist etwas für den Menschen, der unaufhörlich arbeiten kann.

Erfolg stellt sich bei einem Menschen ein, der einen guten Charakter besitzt und beständig ist. Erfolg kommt zu einem Menschen, der sich nicht auf seinen Lorbeeren ausruht. Erfolg wird demjenigen geschenkt, der auch kleine Aufgaben zur Zufriedenheit ausführt. Erfolg stellt sich bei dem Menschen ein, der seinen Geschäftsbereich gut bewirbt und die besten Artikel verkauft. Erfolg kommt zu dem klardenkenden Menschen, der sich ernsthaft in seine Arbeit wirft und dabei keine Angst vor Misserfolg hat.

Erfolg stellt sich bei denen ein, die Geld verdienen, indem sie anderen Wohlstand bringen. Erfolg gibt es bei denen, die für Gottes Arbeit mit ebenso viel Spontaneität und Freude Geld ausgeben wie für sich selbst.

Lerne deinen Dienst zu spiritualisieren und diejenige Arbeit zu tun, die den Menschen den besten Dienst bringt. Mache weniger das Geld als vielmehr das Dienen zu deinem Ziel und du wirst sehen, dass sich dein gesamter Lebensplan ändert. Du wirst niemals fehlgehen.

Die meisten Menschen können ihr materielles und ihr spirituelles Leben nicht in Einklang bringen. Du musst dir aber bewusst sein, dass einerseits auch der spirituelle Mensch Geld braucht und dass andererseits auch der materielle Mensch ohne Gott nicht glücklich sein kann. Arbeite deshalb im Bewusstsein Gottes. Der materielle Mensch arbeitet, aber er arbeitet und handelt aus dem Bewusstsein heraus, dass er derjenige ist, der alles tut, und er leidet an dem, was er mag und was er ablehnt.

Wenn Geschäftsprinzipen nicht auf Wahrheit basieren, dann werden sie zwangsläufig immer mehr Elend und Leid erzeugen.

Reinige dein Bewusstsein von der Selbstsucht, unbedingt luxuriöse Dinge zu brauchen. Erfreue dich lieber an mehr Luxus in deiner Seele und schmücke dich mit dem Wissen und der Weisheit und der Liebe Gottes. Lerne, einfach zu leben, und lebe nach einem Gemeinschaftsprinzip, indem du nach dem Guten für alle Ausschau hältst, indem du anderen dienst. Einheit kann sich niemals einstellen, solange im Herzen Selbstsucht vorherrscht.

Der einseitige Geschäftsmann, der seine anderen Pflichten im Leben vergisst, ist nie wirklich ein erfolgreicher Mensch. Man braucht viele Fähigkeiten, um sein Leben rechtmäßig und erfolgreich zu leben. Derjenige, der seine Aktivitäten nur auf Geld ausrichtet, wird von Gott verlassen.

Zerstöre dein Verlangen nach Luxusgütern. Lerne, weniger teure Dinge auf künstlerische Weise einzusetzen, während du glaubst, dass du ein Kind Gottes bist und den ganzen Reichtum Gottes und der Erde hinter dir hast. Als Kind Gottes – und besonders, wenn du dich durch deine Meditation von einem verlorenen Sohn in einen wahren Sohn Gottes verwandelst – wirst du wissen, dass alles, was Gott besitzt, auch dir gehört.

1. Vermindere Luxusgüter.
2. Glaube an dich und sieh dich als Kind Gottes.
3. Sieh alle Menschen aller Nationalitäten als deine Brüder an.
4. Erstrebe Reichtum für dich und andere.
5. Entwickele täglich dein kreatives Erfolgsdenken, nachdem du tief meditiert hast.

Diejenigen, die Reichtum nur für sich selbst erstreben, werden zwangsläufig gelegentlich arm sein oder unter geistiger Disharmonie leiden. Diejenigen, die die Welt als ihre Heimat sehen und die für eine Gruppe oder für den Reichtum der Welt arbeiten, setzen dagegen feinstoffliche Mächte in Gang, die sie zu wahrem Reichtum führen. Dies ist das sicherste geheime Erfolgsgesetz.

Reichtum hängt nicht nur von deiner schöpferischen Fähigkeit ab, sondern auch von deinen vergangenen Handlungen und von dem energetischen Gesetz von Ursache und Wirkung, das die Macht hat, Reichtum zu gleichen Teilen an alle ohne Ausnahme zu verteilen. Diejenigen, die diese astrale Macht des positiven Reichtums erwecken, werden Erfolg haben, ganz gleich, was sie anfangen. Erstrebe deshalb Reichtum nicht nur für dich und deine Familie, sondern auch für eine größere Gruppe von Freunden, für dein Land und für die ganze Welt.

5. KAPITEL

INSTRUMENTE DES ERFOLGS

Konzentration

Man braucht nicht lange, um gute geistige Gewohnheiten zu entwickeln. Im Gegenteil, wenn du einen starken Willen einsetzt, dann entwickeln sich geistige Gewohnheiten im Hinblick auf deine Gesundheit, deinen Erfolg oder deine Weisheit praktisch sofort. Wenn du dich auf die berechtigten Erfordernisse mit Durchhaltevermögen, Mut und Gottesglauben sowie Vertrauen in dich selbst konzentrierst, kannst du sie willentlich herstellen.

Geistige Effizienz hängt von der Kunst der Konzentration ab. Der Mensch muss die wissenschaftlichen Methoden der Konzentration kennen, durch die er seine Aufmerksamkeit von den Objekten, die ihn ablenken, abziehen kann und sich jeweils nur auf eine Sache konzentriert. Durch die Macht seiner Konzentration kann der Mensch die unermessliche Geisteskraft einsetzen, um das zu erreichen, was er erreichen will, und er kann alle Türen bewachen, durch die Misserfolge sich einschleichen könnten. Alle Erfolgsmenschen sind Menschen gewesen, die zu großer Konzentration fähig waren, Menschen, die tief in ihre Probleme eintauchen konnten und dort die Perlen der für sie richtigen Lösungen gefunden haben. Die meisten Menschen werden von ihren Ablenkungen überwältigt und sind nicht in der Lage, diese Perlen des Erfolgs zu finden.

Man kann jedoch auch ein Mensch sein, der sich konzentrieren kann und der seine Macht einsetzt, um tief in seine problematischen Fragen einzutauchen und der dennoch die Perlen des Erfolges nicht findet. Es gibt viele Menschen, die eine mächtige Konzentrationskraft besitzen, aber sie wissen dennoch nicht, wo ihr Erfolg wirklich liegt. Dies ist ein weiterer Faktor, der beim Erwerb von Reichtum eine Rolle spielt.

Die meisten Menschen leben beinahe mechanisch und sind sich ihres Ideals oder Lebensplans nicht bewusst. Sie besitzen auch kein augenscheinliches Wissen über spirituelle Wahrheiten. Aber man sollte niemals vergessen, dass ein wichtiger Teil deiner spirituellen Ausstattung darin besteht, dass du den Sinn in deinem Leben findest. Die ganze Welt tritt zur Seite, um den Menschen durchzulassen, der weiß, wohin er gehen will, und der entschlossen ist, dort auch anzukommen. Wenn du diesen Lebenssinn für dich gefunden hast, dann musst du dafür sorgen, dass alles diesem Sinn dient.

Das Ziel deines materiellen Lebens sollte ein Maximum an Effizienz in deinem Beruf sein, außerdem Frieden, Gesundheit und Erfolg im Allgemeinen. Materieller Reichtum besteht darin, dass du die geistige Effizienz erwirbst, mit der du alle diese Dinge willentlich gewinnen kannst. Großer Wohlstand ist nicht notwendigerweise verbunden mit Gesundheit, Frieden oder Effizienz, aber die Errungenschaften von Effizienz und Frieden werden zweifelsohne einen materiellen Erfolg sicherstellen, der im Gleichgewicht ist.

Erwarte nicht, gleich beim ersten Mal bei allen deinen Versuchen erfolgreich zu sein. Manche Unternehmungen werden fehlschlagen, aber andere werden Erfolg haben. Erfolg und Misserfolg sind voneinander abhängig. Eins kann ohne das andere nicht existieren. Du musst dich mit konzentrierter Energie deinem nächstliegenden Problem oder deiner Pflicht nähern und dein Bestes geben, um das zu schaffen, was notwendig ist. Dies sollte zu deiner gesamten Lebensphilosophie werden.

Willenskraft

Ein starker Wille erschafft allein durch seine dynamische Kraft einen Weg zu seiner Erfüllung. Durch seine Stärke und Kraft setzt der Wille bestimmte Schwingungen in der Atmosphäre in Bewegung. Die Natur erzeugt dann durch ihre Gesetze von Ordnung, System und Effizienz günstige Umstände für den Menschen, der diese Willenskraft für sich einsetzt. Der Wille bezieht seine Stärke aus einer ehrlichen Absicht, aus erhabenen Motiven und dem edlen Bemühen, für die gesamte Welt Gutes zu tun. Ein starker Wille kann nie erstickt werden – er findet immer einen Weg.

Wisse, dass alles, was andere tun, dir auch möglich ist. Ich war einmal zum Abendessen bei Freunden. Alles ging gut, bis der Roquefort-Käse serviert wurde. In Indien essen wir nur frischen Milchkäse, deshalb betrachtetet ich diese kleinen grünen Schimmelflecken auf dem Käse mit dem allergrößten Misstrauen. Meine Seele rebellierte dagegen und meine Gehirnzellen ermahnten mich, ihn zurückzuweisen. Aber ich sah meine amerikanischen Freunde an, die den Käse genussvoll aßen, und deshalb nahm ich all meinen Mut zusammen und schob mir ein Stück dieses Käses in den Mund.

Es war noch nicht ganz dort angekommen, als alle hochedlen Genüsse, die ihm vorausgegangen waren, dagegen Sturm liefen. In mir gab es ein Riesengezeter und einen Sturm der Entrüstung und sie alle ließen mich wissen, dass „Mr. Roquefort", wenn er sich im Magen zu ihnen gesellen würde, ihren sofortigen Austritt aus meinem Körper nach sich ziehen würde. Ich wagte nicht, den Mund zu öffnen, sondern nickte nur als Antwort auf die Frage meines Gastgebers, ob mir der Käse schmecken würde!

Dann, während ich in all die Gesichter schaute, die fröhlich den Käse aßen, traf ich plötzlich eine Entscheidung. Ich konzentrierte mich tief und sagte meinen Gehirnzellen: „Also, hier bin ich der Chef und ihr seid meine Diener. Ihr werdet mir jetzt gehorchen – diese Narretei muss jetzt sofort aufhören!" In der nächsten Minute schon konnte ich ebenso genussvoll die Gesellschaft von „Mr. Roquefort" genießen wie die anderen. Inzwischen wird er jedes Mal mit einem warmen Willkommen begrüßt, wenn er meine „Verdauungshalle" betritt.

Ein *Wunsch* ist ein Begehren, von dem man nicht glaubt, dass es erfüllbar wäre. *Wille* bedeutet Begehren plus Energie, was bedeutet: „Ich handle, bis dieses Begehren erfüllt ist." Aber wie wenige Menschen *wollen* etwas in diesem Sinne! Du solltest deine Willenskraft nicht falsch einsetzen, dein Wille muss immer auch von Weisheit gelenkt sein.

Die Menschen folgen in diesem Leben vielen Wegen, aber alle sind auf ein gemeinsames Ziel hin ausgerichtet. Manche wünschen sich Geld, manche wünschen sich Gesundheit und andere Ruhm. Die Sehnsüchte sind unterschiedlich, aber nur wenige haben die Macht, das zu erreichen, was sie sich wünschen. Wie kommen eigentlich diese Wünsche in dein Gehirn – und wie verlassen sie es wieder? Kannst du das erkennen? Wenn Begehren dein Herz verätzt und wenn du gleichzeitig das Gefühl hast, es sei unmöglich für dich, es zu erfüllen, dann nennt man das einen *Wunsch*. Manchmal hörst du jemanden sagen: „Ich wünschte, ich wäre der König von Ägypten", oder irgendetwas ähnlich Unmögliches. Das sind Wünsche, von denen du weißt, dass sie sich nicht erfüllen lassen.

Viele Menschen glauben, dass sie ihre eigene Willenskraft nicht einsetzen sollten, aber es ist gar nicht möglich, den Einsatz deiner Willenskraft zu vermeiden. Damit du essen kannst, setzt du deine Willenskraft ein, damit du dich bewegen kannst, brauchst du deinen Willen. Wenn die Kraft, etwas zu wollen, deinen Körper verlässt, dann stirbst du. Der einzige Zeitpunkt, in dem man seine Willenskraft nicht einsetzen kann, ist der, wenn du unter der Wirkung von Chloroform stehst.

Wenn du unter einer chronischen Form von Gleichgültigkeit leidest, dann entschließe dich sofort, dich *jetzt* davon zu trennen. Sei fröhlich – denke an etwas Lustiges, so lange, bis du dich vor Lachen kaum noch halten kannst. Dann übe Selbstkontrolle: Lerne willentlich, Sorgen durch Freude zu ersetzen, Hass durch Liebe, Furcht durch Mut und Vorurteile durch Toleranz.

Weißt du, warum Menschen versagen? Weil sie aufgeben. Ich sage oft, dass ich, wenn ich keine Arbeit hätte, die ganze Welt so schütteln würde, dass sie glücklich wäre, mir einen Job zu geben, nur damit ich aufhöre. Du musst *üben*, deine Willenskraft einzusetzen. Wenn du dich zu etwas entschließt und ganz dafür entflammst, dann wird alles auf deinem Weg davon in Brand gesetzt. Der Mensch der Erkenntnis geht dorthin, wo ihm die Kugeln um die Ohren pfeifen, und der Göttliche Wille wird ihm folgen.

Erhebe diese Willenskraft aus dem Jammertal der Unwissenheit. Wie kannst du sie entwickeln? Nimm dir etwas ganz Kleines vor, von dem du glaubst, du könntest es nicht tun. Dann versuche mit deinem ganzen Willen, diese eine Sache zu erreichen. Und dann, wenn du sie erreicht hast, nimm etwas Größeres und übe deine Willenskraft daran weiter. Wenn du in Schwierigkeiten gerätst, sage: „Herr, gib mir die Macht, alle meine Schwierigkeiten zu überwinden." Du musst deine Willenskraft *üben*, ganz gleich, was du bist oder wer du bist. Du musst dich dafür *entscheiden*. Übe diese Willenskraft sowohl in deinem Beruf wie auch in der Meditation.

Diese Willenskraft liegt in dir vergraben und wenn du sie einsetzt, dann gibt es nichts, was du nicht erreichen kannst. Es ist Willenskraft, die alles erschaffen hat – selbst deinen Körper. Es ist der Wille, der dich von einem Begehren zum nächsten führt, so lange, bis du mit aller Macht erfolgreich dabei sein willst. Wie wenige Menschen entwickeln diese Willenskraft!

Einen Gedanken mit dynamischer Willenskraft zu erfüllen, heißt, diesen Gedanken zu denken, bis er aus dem

Gehirn aufsteigt und Form annimmt. Wenn deine Willenskraft sich kontinuierlich so entwickelt, wenn du andere allein durch deine Willenskraft heilen kannst und wenn du dein Schicksal durch deine Willenskraft lenken kannst, dann kannst du auch zu einem Berg sagen: „Bewege dich und gehe in die Tiefen des Ozeans" – und er wird es tun. Unglaubliche Dinge kannst du tun!

Wahrer Reichtum besteht nicht in dem, was du besitzt, sondern in dem, was du willentlich erzeugen kannst. Ein Yogi mag vielleicht nicht viele materielle Besitztümer sein Eigen nennen, aber durch seine Fähigkeit, seinen Geist zu konzentrieren, kann er willentlich allen finanziellen Erfolg schaffen, den er braucht. (Natürlich wird ein Yogi keine selbstsüchtigen Begehren entwickeln, denn sein einziger Wunsch ist, dass die Liebe Gottes in seiner Seele für immer und ewig regiert!)

Wenn dein Wille im Einklang mit deiner Weisheit steht, dann wird er vom Göttlichen Willen gelenkt. Das ist das, was Jesus meinte, als er sagte: „Dein Wille geschehe".

Faule Menschen denken, dass sie allein durch ihr Gebet alle ihre Schwierigkeiten lösen können, aber du musst deine Willenskraft üben – danach streben, sie mit dem Göttlichen Willen in Einklang zu bringen. Wenn dein Wille sich kontinuierlich um eine bestimmte Sache dreht, dann wird er zu einem DYNAMISCHEN Willen. Das ist der Wille, den Jesus und alle anderen großen Heiligen gehabt haben.

Hinter deinem Willen steht der Wille Gottes. Bevor du deinen Willen einsetzt, um etwas zu tun, denke darüber nach, was du tun solltest. Stelle sicher, dass du deinen Willen auf etwas richtest, das gut und hilfreich für dich ist. Sei nicht passiv. Diejenigen, die passiv sind, haben sich selbst in Steine verwandelt. Dein Wille ist dir gegeben worden, damit du ihn nutzen kannst und zu einem Eroberer wirst. Erinnere dich: In deinem Willen liegt der Wille Gottes.

Sage dir: Ich tue alles aus meinem Willen heraus, der eine Widerspiegelung des göttlichen Willens in mir ist.

Du musst in deinem Herzen nichts mehr lieben als Gott. Wenn du Gott so willst, musst du deinen Willen einsetzen, um alles aus deinem Herzen zu vertreiben, was nicht Gott ist. Wenn du Gott so ersehnst, dann kann dich nichts Falsches berühren. Erinnere dich, du wünschst dir nur eine einzige Sache: „Möge Deine Liebe für immer und ewig im Heiligtum meiner Hingabe scheinen und möge ich in der

Lage sein, Deine Liebe in allen Herzen zu erwecken." Das ist mein einziges Gebet. Ich bete nicht einmal für meinen Körper. Ich möchte Gott nicht nur für mich selbst erleben, sondern ich wünsche mir nichts mehr, als dass ich das Gottesbewusstsein in den Herzen aller Menschen einpflanzen kann.

Deshalb erinnere dich, lieber Freund, dass der größte Wille derjenige ist, der sich nur nach Gott sehnt. Gott ist unvergänglich und mit Gott kommt alles Gute. Entwickele darum deine Willenskraft. Wende deine Willenskraft weg von deinem Begehren und erkenne, dass dieses Leben nur ein Traum ist. Entscheide dich, deinen Willen Gott zu schenken.

Wieder und wieder musst du die Granaten deines Gebetes und deiner Willenskraft dazu einsetzen, die Bollwerke des göttlichen Schweigens zu durchbrechen. Er verbirgt sich hinter Seinem Schweigen, aber wenn du Granate nach Granate deiner Meditation und Konzentration in Seine Richtung sendest, dann wird die Mauer langsam brechen und der Glorienschein Gottes wird sichtbar werden.

Der menschliche Wille kann im Rahmen seines kleinen Familienkreises, seiner Umwelt, der Weltbedingungen und seines Schicksals wirken, aber der Göttliche Wille kann den Lauf des Schicksals verändern, er kann Tote zum Leben erwecken und den Lauf des Sonnen- oder Sternensystems verändern. Durch tiefe Meditation und durch die von

Weisheit gelenkte, unbeirrbare und niemals entmutigte Entschlossenheit kann unser Wille zum Göttlichen Willen werden, wenn wir unseren ganzen Willen erfolgreich auf alle unsere edlen Ziele lenken.

Deshalb musst du deinen Willen bei jeder Unternehmung trainieren, damit du absolute Kontrolle in deinem Leben gewinnst und die Wurzeln des Misserfolgs auf Grund von vorgeburtlichen oder nachgeburtlichen Ursachen zerstörst – so lange, bis er seine sterbliche Illusion verliert, ein menschlicher Wille zu sein und zum allmächtigen Göttlichen Willen wird. Du musst den Göttlichen Willen nicht *erwerben* – du brauchst nur zu wissen, dass er deiner ist und es immer schon war.

Bete: „Du bist unser Vater. Wir sind nach Deinem Bilde geschaffen worden. Wir sind die Kinder Gottes. Wir bitten oder beten nicht wie Bettler, sondern wir *fordern* als Deine Kinder Weisheit, Erlösung, Gesundheit, Glück und ewige Freude. Böse oder gut – wir sind alle Deine Kinder. Hilf uns, Deinen Willen in uns zu finden. Bringe uns bei, Dein Geschenk unseres menschlichen Willens in Übereinstimmung mit Deinem weisheitsgelenkten Willen zu bringen. Lehre uns, unseren Willen so einzusetzen, dass er von Weisheit gelenkt ist."

Anziehungskraft

Du kannst lernen, anziehend zu sein. Jeder besitzt magnetische Macht, die die Kraft ist, mit der du Dinge anziehen und zu dir ziehen kannst – den richtigen Ehemann, die rechte Ehefrau, den richtigen Beruf usw. Wenn deine Anziehungskraft nicht richtig arbeitet, dann wirst du die falschen Menschen oder die falschen Dinge anziehen. Deshalb musst du lernen, jene feine magnetische Fähigkeit zu entwickeln, durch die du die Dinge zu dir ziehen kannst, die du ersehnst und die gut für dich sind.

Jeder Mensch ist ein Medium, durch das der göttliche Magnetismus fließt, aber materielles Verlangen, Rache, Hass und ein Minderwertigkeitskomplex verpfuschen diese Anziehungskraft. Deshalb störe diese Kraft nicht.

Meditation ist der Versuchsraum, in dem du erkennen kannst, dass Gott und Seine Anziehungskraft bei dir sind. Wohin auch immer du gehst, verteile Freundlichkeit um dich. Lasse dein Herz von Gott erfüllt sein, deine Füße von Gott erfüllt sein, lasse deine Augen von Gott erfüllt sein.

Es gibt in uns eine Anziehungskraft, mit der wir alle diejenigen anziehen können, die eine lebendige Beziehung zu unserer magnetischen Kraft haben. Ein Mensch kann keinen Stein anziehen, weil ein Stein keine Beziehung zu einem Menschen hat. Wir wissen, dass ein ganz normaler Magnet eine bestimmte Reichweite und Kraft hat. Kleine Magneten ziehen kleine Dinge zu sich. Größere Magneten ziehen größere Dinge an. Der menschliche Magnet zieht so viel an, wie es seiner Anziehungskraft entspricht. Manche Menschen ziehen materielle Dinge an, andere Menschen eher geistige Dinge und manche ziehen spirituelle Dinge an. Das ist abhängig davon, was für eine Art Magnet man sein will.

Wir müssen zwei Arten von Magnetismus entwickeln – eine, um Gott anzuziehen und eine andere, um unsere materiellen Bedürfnisse zu befriedigen. Wenn wir unseren gesamten Magnetismus dafür verwenden, materielle Dinge zu gewinnen, dann werden wir früher oder später ernüchtert sein. Es ist wahr, dass Gott uns den Körper gegeben hat und dass wir uns um ihn kümmern müssen, aber wenn wir als Erstes unseren spirituellen Magnetismus entwickeln, dann wird uns dieser lenken und uns auf die richtige Art und Weise versorgen, sodass alle unsere materiellen Bedürfnisse gestillt werden.

Achte darauf, dass du deinen Körper nicht vergiftest, damit dein Magnetismus erhalten bleibt. Wenn dein Körper mit Giftstoffen gefüllt ist, dann wirst du spüren, dass deine Energie mehr oder weniger in dir gebunden ist. Versuche, diese Giftstoffe auszuspülen. Wenn du innerlich rein bist, dann kann sich deine ganze Energie schon in deinen Augen zeigen, ebenso in deinem Gesicht und in deinem Körper.

Du musst darauf achten, was du zu dir nimmst. Rohkost stellt Magnetismus her. Kokosnuss stellt eine Menge Magnetismus her. Rote Bete, Spinat und Salat sind voll Lebenskraft und schenken dir Magnetismus.

Zu viel Fleisch bewirkt, dass du deinen Magnetismus verlierst, denn der Magnetismus der Tiere verdirbt deine spirituelle Anziehungskraft. Fleisch verursacht, dass du dich zu sehr auf die materielle Ebene konzentrierst. Du tendierst dann dazu, materiell denkende Gefährten anzuziehen und keine spirituellen. Fleisch stellt auch ein unnormales Sexleben her. Wenn du nur wenig Fleisch isst, dann wird dir das nicht schaden, aber wenn du eine Gewohnheit daraus machst und es täglich isst, dann wird es deine magnetischen Fähigkeiten zerstören. Iss darum lieber gute Fleischersatzstoffe, mehr Nüsse und Nussfleisch-Kombinationen.

Zu viel Protein und stärkehaltige Nahrungsmittel führen dazu, dass Giftstoffe im Körper zurückbleiben. Wenn du reichlich Früchte und Gemüse isst, dann kann dir das helfen, deinen Magnetismus zu entwickeln. Früchte sind sogar noch magnetisierter als Gemüse. Sie sind voll Sonnenlicht und Vitalkraft. Zu viel zu essen, ist schädlich. Zu fasten ist sehr gut, weil es dem Magen eine Pause gönnt.

Deine Augen und dein ganzer Körper werden durch die Art der Nahrungsmittel, die du isst, magnetisiert werden.

Wir müssen Magnetismus auch in unserem Körper entwickeln, damit wir einen Körper bekommen, der stark ist und unseren Befehlen gehorchen kann. Den Körper mit

Energie aufzuladen bringt eine starke Magnetisierung hervor.[1]

Um geistigen Magnetismus zu erlangen, müssen wir alles mit voller Konzentration tun. Menschen, die in ihrem Berufszweig an die Spitze gelangt sind, besitzen große Anziehungskraft. Wenn man dagegen nur für seine eigenen Sinne arbeitet, dann verliert man seine Anziehungskraft. Wenn man seine Sinne kontrollieren kann, dann entwickelt man Anziehungskraft. Magnetisches Leben bedeutet, einen ausgeglichenen Geist zu entwickeln und zu bewahren, ohne emotional zu reagieren. Emotionale Reaktion muss in Kraft verwandelt werden und von Weisheit gelenkt sein, dann besitzt man eine große Anziehungskraft.

Jedes Mal, wenn du etwas betrachtest, etwas hörst oder deine Hände bewegst, schickst du einen magnetischen Strom nach außen. Wenn du dies unbewusst tust, dann besitzt du keinen Magnetismus. Wenn du einen Gedanken ausschickst, dann schickst du zusammen mit diesem auch deine Energie nach außen. Wenn du aber eine Sache tust und gleichzeitig an etwas anderes denkst, dann ist deine Aufmerksamkeit geteilt. Wenn du vollkommen aufmerksam dem gegenüber bist, was du gerade in diesem Augenblick tust, dann entwickelst du deinen Magnetismus.

---

1 Yogananda entwickelte eine Serie von Übungen, die er die Energetisierungsübungen nannte und mit denen man bewusst den Körper mit Energie aufladen kann. Kontaktieren Sie den Verlag für mehr Information über diese Übungen.

Standhaft zu sein, ist magnetisch, recht zu handeln, ist magnetisch, freundlich zu sein, ist magnetisch.

Wir müssen sehr aufpassen, mit wem wir uns umgeben, weil wir ständig mit anderen Menschen in einem magnetischen Austausch sind – durch unsere Gedanken, wenn wir anderen die Hände schütteln oder wenn wir ihnen in die Augen schauen. Sobald wir jemandem die Hände schütteln, bildet sich ein magnetisches Band. Der Mensch, der stärker ist, gibt seine Schwingung dem Schwächeren. Darum werden wir nach und nach zu den Menschen, mit denen wir uns umgeben, nicht so sehr durch unsere Gespräche, sondern durch die stille magnetische Schwingung, die von ihrem Körper ausgeht. Wenn wir in den Bereich ihres Magnetfeldes eintreten, werden wir wie sie.

Wenn ein Mensch zu einem Künstler werden möchte, dann muss er sich mit Künstlern umgeben. Wenn er ein guter Geschäftsmann werden möchte, dann muss er sich mit erfolgreichen Geschäftsleuten umgeben. Wenn er zu einem spirituellen Riesen werden möchte, dann muss er sich mit Jüngern Gottes zusammentun.

Man kann auch einen kosmischen Magnetismus entwickeln, wenn man an Gott und heilige Menschen denkt. Wenn man sich tief auf eine bestimmte Persönlichkeit konzentriert, dann kann man diese Persönlichkeit anziehen. Deshalb sollte man nur an wirklich großartige Menschen denken. Wenn wir unsere Gedanken auf gefährliche Menschen richten, dann werden wir ihre Eigenschaften anziehen, es sei denn, wir sind stärker als sie. Wenn unser ganzes Herz bei jemandem ist, dann ziehen wir alle Fehler und alle guten Eigenschaften dieses Menschen an.

Ein Magnet hat einen positiven und einen negativen Pol, durch den er Eisen- oder Stahlspäne in einem bestimmten Radius zu sich zieht. Wenn man mit einem Magneten ein Stück eines nichtmagnetischen Eisens oder Stahls reibt, dann wird dieses auch zu einem Magneten. Genauso können Menschen durch eine nahe Verbindung mit einer magnetischen Persönlichkeit, der sie ihre tiefe, liebvolle und respektvolle Aufmerksamkeit schenken, magnetisiert werden. Sie sollten aber als Erstes entscheiden, welche Art von Magnetismus sie wollen, und dann den entsprechenden Menschen wählen, der ihn besitzt.

Wenn du beispielsweise ein erfolgloser Mensch bist und erfolgreich werden willst, dann umgib dich mit so vielen Menschen wie möglich, die Erfolg in ihrem Geschäft, in ihrer Kunst oder in ihrem Beruf im allgemeinen haben, und schüttele ihnen die Hände.

Wenn du ihnen die Hände schüttelst, dann bilden sich zwei Magneten: ein oberer, spiritueller Magnet mit zwei Köpfen und ein niedrigerer, körperlicher Magnet mit zwei

Paar Füßen, die gleichzeitig Pole sind. Die Verbindung der Hände beim Händeschütteln bildet einen gemeinsamen neutralen Punkt und gleichzeitig eine Kurve aus dem unteren und dem oberen Magneten.

Was geschieht, wenn ein spiritueller Mensch, der erfolglos ist, und ein wohlhabender Geschäftsmann, der spirituell schwach ist, sich bewusst die Hände schütteln? Durch ihre beiden Paar Füße, die einen Pol eines Magneten bilden, tauschen sie materielle Eigenschaften aus, durch ihre beiden Köpfe, die zwei Pole eines anderen Magneten bilden, tauschen sie geistige Eigenschaften aus. Wenn solche zwei Menschen in einen nahen geistigen Kontakt kommen, außer dem oftmaligen und intensiven, bewussten Händeschütteln, dann wird der Geschäftsmann spiritueller werden und der spirituelle Mensch wird wohlhabender, einfach durch den Einfluss des oberen Magneten. Gleichzeitig tauschen sie auch ihre schlechten Eigenschaften aus, durch die Kraft ihrer unteren Magneten, die durch ihre Füße gebildet werden. Sowohl der spirituelle Mensch als auch der Geschäftsmann werden dadurch wahrscheinlich in ihren beruflichen Eigenschaften beeinflusst.

Göttlicher Magnetismus ist die Macht aller Mächte. Wenn unsere Gebete aus unserem Herzen quellen und Gott Seinen Eid des Schweigens bricht, um zu uns zu sprechen, dann haben wir den göttlichen Magnetismus erreicht. Wir müssen unsere Zeit damit verbringen, unseren spirituellen

Magnetismus zu entwickeln, damit wir das Unvergängliche anziehen können. Entwickle darum die Macht, den Höchsten anzuziehen und dann können wir sehr leicht auch alle anderen, geringeren Dinge anziehen.

Wir müssen uns von diesem rein materiellen Wohnort, unserem Körper, distanzieren. Jeder von uns ist ein Funke des Unendlichen. Wir müssen zwischen dem Vergänglichen und dem Unvergänglichen unterscheiden lernen. Alles, was zum Körper gehört, ist vergänglich, alles, was zum Geist gehört, ist halbvergänglich, alles, was zur Seele gehört, ist unvergänglich.

Bleibe im Einklang mit der Göttlichen Magnetkraft. Denke so beständig an Gott, dass Er bei dir sein wird, ganz gleich, wo du hingehst. Dann werden sich alle deine Wünsche erfüllen, selbst diejenigen, die du in weit entfernter Vergangenheit gehabt hast.

6. KAPITEL

ERFOLG AM ARBEITSPLATZ

Der Hauptzweck deines Berufes sollte im Dienen bestehen, nicht nur im Geldverdienen. Der Laden mit dem besten Service und den besten Produkten wird derjenige sein, den Menschen am meisten mögen. Erinnere dich: Du musst dienen, damit du andere glücklich machen kannst.

Das Gesetz des Wohlstandes wird nicht durch das Gesetz der Selbstsucht bestimmt, sondern durch das Gesetz der Selbstlosigkeit. Jeder von uns muss für andere leben. Während du dich selbst unterhältst, musst du auch andere unterhalten.

Lasse dein Herz und deine Seele in alles fließen, was du tust, und lasse dich in deiner Umwelt niemals zum Stillstand kommen. Es gibt zwei Arten von Umwelt, auf die du gut achten solltest – deine äußere Umwelt und deine innere Umwelt. Wenn du die äußere Umwelt veränderst, wirst du vielleicht erfolgreicher in deiner Arbeit werden, aber tue dies nie, ehe du nicht sicher bist, dass die neue Situation besser für dich sein wird als der Ort, wo du bereits jetzt arbeitest.

Wähle deinen Beruf in Übereinstimmung mit deinen inneren Interessen, deiner instinktiven Neigung und deiner intuitiven meditativen Führung. Versuche nicht, erfolgreich in einem Beruf zu werden, den du hasst.

Es ist ganz richtig, übergangsweise nur kleine Jobs anzunehmen, aber in solchen Positionen zu sterben, ist eine Sünde gegen deine schöpferischen Fähigkeiten. Du musst unerfahrenen Neulingen diese kleinen, unbedeutenden Jobs überlassen, während du, nachdem du in solchen Jobs Erfahrungen gesammelt hast, höhere Positionen anstreben solltest.

Die meisten Menschen verbringen ihr Leben damit, sich danach zu sehnen, etwas Vollkommenes zu tun, wie etwa Klavier zu spielen oder zu malen, aber sie sind dann viel zu faul und lustlos, um die Mühe aufzubringen, die notwendig ist, um in der entsprechenden Aktivität wirklich perfekt zu werden. Sie entschuldigen sich dann damit, dass sie sagen: „Ich hatte keine Zeit, zu üben oder einen guten Lehrer zu finden, und überhaupt, ich bin halt kein Genie". Aber ein außergewöhnliches Talent ist nicht so notwendig wie eine unerschütterliche Absicht und ein unerschöpfliches Bemühen. Die meisten Menschen schaffen es nicht, ihre materiellen, geistigen und spirituellen Sehnsüchte zu erfüllen, weil sie nicht entschlossen genug sind und sich nicht unaufhörlich bemühen.

Wenn du Künstler oder Geschäftsmann werden willst, dann musst du dich mit den besten Künstlern und Geschäftsleuten umgeben, die du finden kannst. Mit „dich umgeben" meine ich intelligente Aufmerksamkeit und liebevolle und interessierte Verbundenheit. Wenn du wirklich Interesse an großartigen Menschen hast, um ihre Art und Weise kennenzulernen, dann werden sie sich auch für dich interessieren. Wenn du keine großartigen Menschen treffen kannst, dann kannst du wenigstens ihre Bücher lesen und von ihren erfolgreichen Berufserfahrungen lernen.

Damit du ein spiritueller Mensch wirst, musst du dich mit einem Menschen der höchsten spirituellen Bewusstheit zusammentun, und du musst tiefer und häufiger meditieren.

Erinnere dich daran, dass die größte Verantwortung im Beruf in dir selbst und in deinen erwachten schöpferischen Fähigkeiten liegt. Alle Schwierigkeiten können durch kontinuierliche Planung und durch dein Durchhaltevermögen überwunden werden. Weigere dich deshalb, eine Niederlage zur Kenntnis zu nehmen, und du wirst gewinnen. Wenn du in dem Berufszweig, den du dir gewählt hast, auch nach einiger Zeit des Bemühens keinen Erfolg hast, dann versuche etwas anderes und versuche es immer weiter, bis du in etwas erfolgreich wirst. Versuche dein Bestes in dem beruflichen Feld, in dem du schon Erfahrungen gesammelt hast.

Deine Berufung finden

Du kannst niemals stehenbleiben – du gehst entweder vorwärts oder rückwärts. Am besten wählst du für dein Leben einen Weg, der Idealismus mit Zweckmäßigkeit verbindet.

Nehmen wir einmal an, du hast deinen Weg als Handelsreisender begonnen. Du versuchst dein Bestes, du arbeitest hart, denkst nach und planst, aber du kommst nicht auf einen grünen Zweig. In solch einem Moment analysiere dich selbst und vielleicht wirst du herausfinden, dass du seit deiner Kindheit eigentlich einen kleinen Gemüsegarten und ein gemütliches Zuhause haben wolltest, wo du nachdenken, friedlich leben und gelegentlich ein Landschaftsbild malen konntest. Vielleicht ist dieser Kindheitstraum, Bauer und Künstler zu sein, aus einem früheren Leben übriggeblieben oder irgendjemand hat ihn dir nahegebracht. Dein Enthusiasmus und dein Ehrgeiz sind dann vielleicht von der unbewussten Ahnung, eigentlich Bauer sein zu wollen, gehemmt worden, weil du unbewusst Vorbehalte dagegen hattest. Warum solltest du aber dann versuchen, gegen deine bereits vorhandenen Veranlagungen anzugehen?

Die meisten Menschen bilden ihre eigentlichen Herzenssehnsüchte im Alter von drei bis zwölf Jahren, aber sie sind sich dessen nicht bewusst. Achte sorgsam auf deine und entdecke die Unterströmung irgendeiner bestimmten Sehnsucht, die unter den Strömungen deiner vielen Sehnsüchte fließt. Diese unterliegende Sehnsucht, die immer schon in dir war, bettelnd und schmeichelnd, dass du auf sie hörst, ist der wahre Erzengel deines Erfolges, dem du folgen solltest.

Wenn dein Beruf dein Herz nicht zufriedenstellt, ist er nicht der richtige Weg für dich. Wenn du die Wohnstätte bleibenden Friedens und anhaltenden Glücks erreichen willst, dann solltest du dem Pfad folgen, den deine Herzenssehnsucht dir zu folgen empfiehlt. Menschen sind niemals glücklich, wenn sie in die falsche Richtung reisen.

Du musst aber auch praktisch bleiben und deinen gesunden Menschenverstand bei allem benutzen, was du tust. Der Mensch, der einem künstlerischen Weg folgt, der seiner Herzenssehnsucht entspricht, stillt damit vielleicht seinen Hunger nach Ästhetik, ist aber vielleicht nicht produktiv genug, um den materiellen Hunger seiner Familie zu stillen!

Erinnere dich daran, dass es immer einen Weg gibt, wo ein Wille ist. Der Weg, der am besten in deinem Leben zu dir passt, könnte ein Kompromiss sein zwischen deinem Ideal und deinem praktischen Leben. Zum Beispiel möchtest du vielleicht deine Sehnsucht nach Gärtnern nicht aufgeben, selbst wenn du nur einen Garten in deinem Hinterhof haben kannst und in die Stadt fahren musst, um Geld zu verdienen. Dann versuche, dein Heim irgendwo auf dem Land einzurichten, wenn möglich, und verbringe deine Wochenenden damit, Frieden bei deiner Gartenarbeit zu finden.

Spiele deine Rolle gut

Neben allem beruflichen Streben, das dir innewohnt, und neben dem Lernen der Methoden, wie man am besten Geld verdienen kann, musst du täglich etwas tun, was auch den kosmischen Plan zufriedenstellt, um dessentwillen du eigentlich hierher geschickt worden bist. Die meisten Menschen sind unglücklich, weil sie vergessen, wie sie ihre irdischen, angelernten Pflichten mit den Pflichten in Einklang bringen können, die der Kosmische Plan von ihnen fordert. Der Kosmische Plan fordert, dass du deine Seele zufriedenstellst, indem du in deine eigene Zufriedenheit auch die Zufriedenheit anderer, bedürftiger Wesen einbeziehst.

Versuche darum, jeden Tag Menschen, die körperlich, geistig oder spirituell leiden, zu erheben, genauso, wie du dir oder deiner Familie helfen würdest. Wenn du, statt in einer leiderzeugenden, selbstbezogenen Art und Weise zu leben, ein Leben führst, das den Gesetzen Gottes folgt, dann wirst du – ganz gleich, was für eine unbedeutende Rolle du vielleicht auf der Lebensbühne spielst – immer wissen, dass du deine Rolle richtig gespielt hast, genauso, wie der Regisseur es mit deinem Schicksal von dir wollte. Deine Rolle, wenn sie auch ganz klein ist, ist genauso bedeutend wie die größeren Rollen, die ebenso viel zu dem Stück über die Seelen auf der Bühne des Lebens beitragen. Verdiene nur wenig Geld und sei zufrieden damit, lebe ein einfaches Leben und bringe deine Ideale zum Ausdruck, statt unglaublich viel Geld zu verdienen und dir endlos Sorgen machen zu müssen.

Wie man Prüfungen übersteht

Prüfungen werden dir nicht gesandt, um dich zu zerstören, sondern um dir zu helfen, Gott besser wertzuschätzen.
Gott hat dir diese Prüfungen nicht geschickt. Du hast sie
dir selbst geschaffen. Alles, was du tun musst, ist, dein Bewusstsein von deiner Ebene der Unwissenheit zu erheben.
Schwierigkeiten auf einer bestimmten Ebene entstehen,
weil du in der Vergangenheit bewusst oder unbewusst etwas getan hast, irgendwo, irgendwann. Du musst die Verantwortung dafür auf dich nehmen, ohne dass du deshalb
einen Minderwertigkeitskomplex entwickelst.

Du musst sagen: „Ich weiß, dass Du kommst! Ich sehe
Deinen Silberstreifen. In diesem stürmischen Meer der
Prüfungen, bist Du mein Polarstern, wenn meine Gedan-
ken scheinbar mein inneres Boot zum Kentern bringen!"
Warum hast du Angst? Erinnere dich, dass du weder ein
Mann noch eine Frau bist. Du bist ein unsterbliches Wesen.

Genau wie Jesus seine Liebe zeigte und, als er schlimm
geprüft wurde, sagte: „Vater, vergib ihnen, denn sie wissen
nicht, was sie tun", genauso musst du deinen Prüfungen,
die dich überfallen, vergeben und sagen: „Meine Seele
steht wieder auf. Meine Macht ist größer als alle meine
Prüfungen, denn ich bin das Kind Gottes." Auf diese Weise wird deine geistige Macht zunehmen und die Schale
deiner Selbstverwirklichung wird groß genug sein, um den
ganzen Ozean der Erkenntnis zu umfassen. Dann wirst du
glücklich und wohlhabend sein.

Meine eigene Erfahrung

Ich habe schon von Kindesbeinen an Philosophie und Religion geliebt und mich entschlossen, meine eigenen Schulen und Einrichtungen zu gründen und niemals unter irgendjemandem zu arbeiten. Es wäre von meiner Seite aus verrückt gewesen, Eisenbahnarbeiter zu werden, wie es für mich vorgesehen war. Ich habe meinen Weg mit dem unendlichen Vertrauen begonnen, dass ich schon Erfolg haben würde, und ich wurde erfolgreich. Mein Erfolg basierte auf meiner festen Entschlossenheit und meinem Vertrauen in den Himmlischen Vater bei allem, was ich unternahm. Dass ich so wirkungsvoll arbeiten konnte, basierte vor allem auf Gott und Seinem schöpferischen Denken und sehr viel weniger auf meiner vorhandenen Ausbildung.

Während ich auf mein Ziel zuarbeitete, versuchte ich in verschiedenen Tätigkeitsfeldern erfolgreich zu sein. Als ich erkannte, dass ich bei allen Dingen, die ich unternahm, erfolgreich war, wagte ich es, die größte Unternehmung meines Lebens anzugehen – die Gründung von spirituellen Organisationen. Ich begann meine erste Arbeit in einer kleinen Schlammhütte mit drei oder vier anderen in Kalkutta, gründete dann eine palastartige Schule in Indien und schließlich ein himmlisches Heim in Amerika, wo ich Tausende von Schülern hatte.

Ich möchte diese Dinge mit euch teilen, nicht, weil ich mich selbst über die Maßen loben möchte, sondern um zu zeigen, dass die oben genannten Vorschläge aus dem Herzen meiner eigenen Erfahrung mit Erfolg kommen und nicht das Ergebnis entsprechender Theorien sind. Wenn ein schwacher und demütiger Mensch wie ich etwas schaffen kann, mit dem ich meinen Brüdern dienen kann, dann könnt ihr, die ihr vielleicht stärker seid, als ich es am Anfang war, bestimmt etwas für euren Erfolg tun, der auch den Erfolg von anderen einschließen wird.

Wie du deinen Arbeitgeber zufriedenstellen kannst

Jeder Arbeitgeber sucht nach zuverlässigen, aufrichtigen Angestellten, die nicht nur für ihr Gehalt arbeiten, sondern die ein ebenso intelligentes, schöpferisches und betriebsorientiertes Interesse an dem Unternehmen haben wie der Geschäftsgründer selbst. Der Arbeitgeber und der Arbeitnehmer verfolgen beide ein gemeinsames Ziel: den echten Geschäftserfolg, den sie gemeinsam begründet haben. Beide sind Diener, die für ein gemeinsames Ziel arbeiten.

Der beste Weg, deinem Arbeitgeber zu gefallen, besteht darin, ihm gegenüber freundlich zu sein, ergeben und gefällig und ihm einen besseren Service anzubieten als irgendjemand sonst in seinem Büro. Auf diese Weise kannst du die höchste Position an diesem Arbeitsplatz bekommen und dann deine schöpferischen Fähigkeiten weiterentwickeln, sodass dein Arbeitgeber das Gefühl bekommen wird, dass er ohne dich gar nicht auskommen kann. Vielleicht wird er dann sogar froh sein, dir eine Geschäftspartnerschaft anbieten zu können.

Stelle sicher, dass du nur den vernünftigen Anweisungen deines Chefs oder unmittelbaren Vorgesetzten folgst. Versuche, ihn durch harte, intelligente und produktive Arbeit von dir zu überzeugen, indem du extrem freundlich und höflich bist, und auch dadurch, dass du ihm einen Teil seiner Arbeit abnimmst. Begegne einem übellaunigen Arbeitgeber, indem du deine Freundlichkeit und Höflichkeit erhöhst und sein unbesonnenes Verhalten ignorierst. Während deiner Meditation konzentriere dich auf den Punkt zwischen deinen Augenbrauen und übermittle: „Vater, beruhige meinen Arbeitgeber."

Beharrlichkeit, schöpferische Fähigkeit und Einstimmung auf die grenzenlose Macht Gottes in deiner täglichen Meditation, ehrliche Geschäftsmethoden, Loyalität deinem Arbeitgeber gegenüber, das Geschäftsinteresse des Betriebes, in dem du angestellt bist, wie dein eigenes im Blick zu haben, dich im Einklang mit deinem unmittelbaren Vorgesetzten oder dem Geschäftsinhaber und mit dem kosmischen Chef, Gott, zu befinden – alle diese Methoden werden, wenn du sie einsetzt, unfehlbar sowohl deinem materiellen Arbeitgeber gefallen wie auch deinem Göttlichen Arbeitgeber, Gott.

Erinnere dich, dein wahrer Arbeitgeber ist Gott. Er hat dich jemandem unterstellt, um Seine Arbeit zu verrichten. Deshalb tue deine Pflicht, ganz gleich, wie klein sie auch sein mag, und tue sie mit einem fröhlichen achtsamen Bewusstsein, um Gott zu gefallen. Jeder, der für Gott arbeitet und alle Arbeitgeber respektiert, unter denen er arbeiten muss, kann niemals versagen, sondern muss grenzenlos erfolgreich sein.

Sage in deiner Meditation: „Vater, segne mich, sodass ich in der Lage sein mag, an meinem Arbeitsplatz den besten Dienst zu verrichten, den ich anbieten kann. Vater, segne mich, dass ich meinem Arbeitgeber und jedem gefallen möge, mit dem ich in Kontakt komme."

Dienen sollte dein Ziel sein

Wenn du deinen Arbeitgeber durch deine Handlungen und deine schöpferischen Fähigkeiten überzeugen kannst, dass du sein Einkommen ehrlich erhöhen willst, wird er dir gerne die beste Position an deinem Arbeitsplatz geben, weil ihm das am meisten einbringt. Dein Geist sollte sich auf deine schöpferische Fähigkeit richten und nicht auf das Geldverdienen, dann wird das Geld zu deinem Sklaven werden und nicht zu deinem Meister.

Die meisten Angestellten wünschen sich höhere Positionen, aber sie vergessen, die Qualifikationen zu entwickeln, die dafür notwendig sind: schöpferische Fähigkeiten, Loyalität und selbstlose Selbstbezogenheit. Deine Beförderung zu wünschen, indem du dem Geschäftszweig, in dem du arbeitest, mehr Geld einbringst, ist keine Sünde, sondern man nennt es „selbstlose Selbstbezogenheit". Deine „Selbstbezogenheit" sollte sich auf das selbstlose Verlangen richten, deinen Arbeitgeber zu unterstützen.

Erinnere dich, dass der Weg, deine Nützlichkeit zu entwickeln, der sicherste Weg ist, um Aufmerksamkeit zu erregen und erfolgreich zu sein. Kein schöpferscher Geschäftsmann kann die gesamte Arbeit allein tun und die größten und kleinsten Sorgen der Welt halten Ausschau nach ehrlichen, loyalen, zuverlässigen, energetischen und schöpferischen Mitarbeitern.

Entwickle deine schöpferische Fähigkeit

Du musst jeden Tag schöpferisch denken und dich mit dem notwendigen Wissen und der notwendigen Erfahrung ausstatten, die dein Berufszweig braucht. Schöpferisches Denken besteht darin, dass du täglich wenigstens eine halbe Stunde in Stille gehst und in dieser Zeit dein gesamtes Denken und deine ganze Konzentration darauf verwendest, wie du dich in deinem Arbeitsbereich noch verbessern kannst und wie du dich weiterqualifizieren kannst, um eine Position mit noch größerer Verantwortung in deinem gegenwärtigen Beruf einzunehmen.

Wenn es eine Chance für eine Beförderung in deinem Beruf gibt, dann setze deine schöpferische Fähigkeit für das Wohlergehen des Geschäftszweiges deines Arbeitgebers ein. Wenn aber deine Arbeit nur eine mechanische ist und keine Zukunftsaussichten in sich trägt, dann entwickle deine schöpferische Fähigkeit in einem Beruf, der dich anzieht, und dann versuche, dort eine Position zu erlangen. Wenn du sicher bist, dass du eine Position in dem Beruf hast, der dir wirklich gefällt, dann kündige deine bisherige Stellung.

Wenn du deine Konzentration und deine schöpferische

Fähigkeit entwickelst, kannst du lernen, jede Art von Arbeit zu lieben, und du kannst deine Effizienz und deinen Erfolg in jeder Richtung entwickeln, die du für dich wählst. Es ist aber besser, deine schöpferischen Fähigkeiten in einem Beruf einzusetzen, zu dem du dich instinktiv hingezogen fühlst, als in einem Beruf, für den du erst ein Interesse entwickeln musst.

Wenn du es nicht magst, für andere zu arbeiten, dann musst du lernen, wie du dein eigener Arbeitgeber und Arbeitnehmer sein kannst. Du musst dann deine schöpferische Kraft dafür einsetzen, ein möglichst vollständiges Wissen und viel Erfahrung in einem Zweig eines sehr dienstleistungsorientierten Berufes zu erwerben. Nutze deine ganze schöpferische Konzentration, um Kapital für deinen Beruf zusammenzutragen, indem du arbeitest und Anleihen aufnimmst, spare dann Geld dafür, indem du ein genügsames, einfaches Leben führst.

Angeborene Mängel eines unproduktiven, unintelligenten Geistes können nur durch Meditation und schöpferisches Denken überwunden werden. Der Kontakt zu Gott kann alle menschlichen Begrenzungen überwinden, die einen Erfolg verhindern. Lerne darum, die Erfolgsschwingungen von Gott während deiner Meditation und von erfolgreichen Menschen dieser Welt zu empfangen.

Der Einsatz deiner schöpferischen Fähigkeiten wird dich in einen Bereich grenzenlosen Erfolgs führen. Indem du täglich über deinen Geschäftsbereich und über den Beruf nachdenkst, in dem du dich befindest, während du Weiterbildungen und Erfahrungen sammelst, die du in einer Schule oder am Arbeitsplatz erwirbst, wirst du merken, dass sich das Wissen um deinen Beruf um das Hundertfache vergrößert.

Deine beruflichen Erfahrungen sollten immer weiter ausgedehnt werden, indem du ständig auch deinen gesunden Menschenverstand und deine schöpferischen Fähigkeiten einsetzt. Tauche tief in den Bereich schöpferischen Denkens ein und du wirst deinen Beruf von A bis Z lernen und in der Lage sein, ihn in der bestmöglichen Weise zu managen. Setze deine ganze schöpferische Intelligenz ein, um den allgemeinen, indirekten Aufwand so gering wie möglich zu halten, und entdecke bessere Produktionsmethoden, Werbungs- und Vermarktungsmöglichkeiten sowie Vertriebsstrategien für dich.

Selbstbezogenheit im Beruf

Selbstbezogenheit ist, metaphysisch betrachtet, ein grober Fehler, der egozentrische Industriebereiche dazu bringt, immer wieder durch Perioden der Depression und der illusionären Geldentwertungen zu gehen.

Wenn alle Geschäftsleute dieser Welt selbstsüchtig sind, dann hat jeder Geschäftsmann Millionen von feindseligen Konkurrenten. Wenn aber jeder Geschäftsmann dadurch erfolgreich zu sein versucht, dass er den Erfolg anderer in seinen Erfolg einbezieht, dann wird jeder Geschäftsmann Millionen hilfreicher Geschäftsfreunde haben. „Einer für alle und alle für einen" muss das Motto echten Erfolgs und echten Glücks im Geschäftsleben sein.

Deine wichtigsten Verpflichtungen

Bringe deine Verpflichtungen in eine Systematik und einen Zeitplan. Deine Geschäftsverpflichtungen sind wichtig, aber du opferst für sie meist deine genauso wichtigen Verpflichtungen deinem Körper, deinem Geist und deiner Seele gegenüber. Du brauchst aber tägliche Körperübungen ebenso sehr wie das tägliche Bad deiner Nerven und deines Geistes im Frieden deiner Meditation. Natürlich sollten deine geschäftlichen Verpflichtungen immer an erster Stelle stehen. Das können sie auch sein und bleiben, bis du in das Rätsel des Jenseits abberufen wirst. Ich empfehle euch aber eine Gleichrangigkeit bei eurer Entwicklung und bei eurem Wohlstand. Ich glaube nicht daran, dass spirituelle Entwicklung durch geschäftliche Verrücktheiten chloroformiert werden sollte.

Viele Menschen glauben, dass sie ins Hintertreffen geraten, wenn sie nicht Tag und Nacht parat stehen. Das ist nicht wahr. Der einseitig geschäftsorientierte Mensch, der seine anderen Verpflichtungen im Leben vergisst, ist kein wirklich erfolgreicher Mensch. Man braucht die größten Lebensqualifikationen, um sein Leben gleichrangig, rechtmäßig und erfolgreich zu leben. Derjenige, der nur seine Verpflichtungen dem Geld gegenüber einhält, wird von Gott verlassen.

Aber Gott spricht sehr laut zu uns durch die plötzlichen Hungerschmerzen, die er uns schenkt, um uns zu erinnern, dass wir nur Geld verdienen, um auch unsere physischen Körper zu ernähren.

Alle unsere geistigen Kräfte dafür einzusetzen, unsere physischen Körper zu erhalten, sollte aber nicht unser einziges Lebensziel sein. Es besteht nur ein sehr geringer Unterschied darin, ob man seine Mahlzeit nun von einem goldenen Teller oder von einem ganz normalen Teller isst – in beiden Fällen stillt unsere Nahrung unseren Hunger. Warum also sollten wir damit weitermachen, unsere selbsterzeugten, nutzlosen Begehrlichkeiten aufzublähen und Tag und Nacht dafür zu arbeiten, Dingen nachzujagen, die kein Mensch wirklich braucht?

Deine Verpflichtungen deinem Beruf gegenüber sind wichtig, aber deine Verabredung mit anderen, denen du dienen solltest, ist noch bedeutsamer und deine Verpflichtung gegenüber deiner Meditation, Gott und der Wahrheit gegenüber, ist die allerwichtigste. Sage jetzt nicht, dass du zu beschäftigt damit bist, den Wolf von deiner Tür fernzuhalten, um Zeit zu haben, deine himmlischen Eigenschaften zu entwickeln. Durchbrich deine selbstgerechten, unverrückbaren, schlechten Gewohnheiten, mit denen du deine weniger wichtigen Verpflichtungen idolisierst, während du gleichzeitig deine allerwichtigste Verpflichtung der Weisheit gegenüber vernachlässigst. Niemand außer dir selbst wird für deine Handlungen geradestehen, obwohl andere dich oft zu nutzlosen Leichtsinnigkeiten verführen und dich in so genannte „wichtige Verpflichtungen" verstricken.

Hyperaktivität oder Müßiggang führen nur beide zu Leid. Es ist darum Zeit für den modernen Menschen, seine jahrhundertealte Schläfrigkeit abzuschütteln und sein Leben zu systematisieren. Der moderne Mensch hat gelernt, für seinen materiellen Komfort Wissenschaft oder Psychologie einzusetzen und seinen Beruf immer weiter durchzuplanen. Aber er sollte Systematik und Wissenschaft ebenso dafür einsetzen, seine Gesundheit, seinen Wohlstand, seine Weisheit und sein gesellschaftliches Leben zu verbessern. Um dies zu tun, sollte er nicht alle seine Zeit in seinen Beruf stecken, der nur die Hoffnung auf körperlichen Komfort bietet.

Die Menschen vergessen, dass ein allzu luxuriöses Leben oft mit sich bringt, dass man mehr Nerven- und Gehirnenergie verbraucht, und das geht auf Kosten der Langlebigkeit! Die meisten Menschen sind dann so versessen darauf, Geld zu machen, dass sie sich der Annehmlichkeiten, die sie erworben haben, gar nicht mehr erfreuen können.

Wie man seine Angestellten wählt

Wahrer beruflicher Erfolg hängt ab von dem richtigen Unternehmensleiter und seinen richtigen Angestellten sowie von einem richtigen Unternehmensmanagement plus den richtigen wirtschaftlichen Rahmenbedingungen. Es gibt einige Unternehmensbereiche, die man auch als Einzelner betreiben kann, aber die meisten Unternehmen müssen von einer Gruppe intelligenter Partner betrieben werden. Wenn also ein Unternehmen, das von einem Einzelnen betrieben wird, anfängt zu expandieren, dann muss der Besitzer möglicherweise Partner ins Boot holen. Aber achte darauf, dass du immer die Kontrolle deines Unternehmens in deinen eigenen Händen behältst – ganz gleich, welche Strategie du wählst.

Die meisten Firmen erleiden Schiffbruch, weil sie die falschen Angestellten als Unternehmenspartner gewählt haben. Angestellte sollten nach ihren bisherigen Erfolgsbilanzen und nach ihrer schöpferischen Intelligenz ausgewählt werden. Vermeide, glattzüngige, aber unehrliche oder impulsive Geschäftspartner zu wählen. Solche Menschen werden den Fortschritt deines Unternehmens nur behindern, wenn sie ihn nicht sogar regelrecht ruinieren.

Du solltest dich nicht nur auf ihre Referenzen verlassen, sondern sie auch genauestens beobachten, ihre Intelligenz, geistige Offenheit und ihre Intuition wahrnehmen, damit du wirklich Angestellte von höchster Qualität auswählen kannst. Es ist ebenfalls eine gute Idee, dir das Horoskop eines möglichen Angestellten genau anzusehen. Wenn du es richtig interpretieren kannst, dann können dir die Sterne die guten oder schlechten Eigenschaften eines Menschen sowie seine Gewohnheiten aus früheren Leben anzeigen, die heute als Instinkte und erworbene Anlagen nach außen treten.

Teste ihren Charakter und ihre Fähigkeiten

Ehrliche, loyale, freundliche und intelligente Angestellte anzuziehen, die dein Unternehmen zu ihrem und die deinen Ehrgeiz zu ihrem Ehrgeiz machen werden, ist die beste Art und Weise, ein Unternehmen zu führen. Halte darum bei deinen Bewerbern Ausschau nach schöpferischen Fähigkeiten, Intelligenz, und, mehr als alles andere, nach Vertrauenswürdigkeit.

Nimm die Integrität deiner Angestellten nicht als gegeben an. Teste sie lieber auf direkte oder indirekte Weise, mit Hilfe von Freunden oder auch Detektiven. Führe sie in Versuchung und schau, wie sie reagieren. Wenn du gute Freunde hast, dann versuche deine Angestellten dazu zu bringen, dass sie etwas Negatives über dich sagen, und finde so heraus, was ihre wirklichen Absichten sind. Vergib jeden kleineren Fehler einmal oder zweimal, aber gehe nie über Verrat hinweg. Ein Angestellter oder Partner, der dir gegenüber verräterisch ist, wird dies immer wieder tun – und zwar dann, wenn du am wenigsten damit rechnest. Das kann einen Schaden verursachen, der sich nicht mehr rückgängig machen lässt.

Wenn ein Angestellter verschwenderisch ist, zu viel trinkt oder auf Kritik für sein moralisches Verhalten nicht beschämt reagiert, dann kannst du ihn einige Male entschuldigen und ihm eine Chance geben, sich zu bessern. Wenn er aber keine Zeichen von Besserung und Veränderung zeigt, dann solltest du ihn entlassen.

Stelle auf keinen Fall einen Umstandskrämer oder einen geistig oder körperlich faulen Menschen ein. Ein geistig fauler Mensch grummelt und klagt und hält es für eine schreckliche Energieverschwendung, wenn er schöpferisch sein soll, etwas planen muss oder über deinen Geschäftserfolg nachdenken soll.

Ehrlichkeit und Loyalität in Geschäftsbeziehungen

Halte nicht an einem unehrlichen Menschen fest. Du kannst niemals sagen, was ein solcher Mensch deinem Unternehmen antun kann. Versuche, von seinem vorherigen Arbeitgeber alles über seinen Charakter, seine Fähigkeiten und seine Ehrlichkeit herauszufinden. Andererseits, wenn du selbst ein Angestellter bist und wiederholt etwas sehr Negatives über deinen möglichen Arbeitgeber hörst, dann ist es besser, dich gar nicht erst auf ihn einzulassen.

Lasse niemals einen Freund Vorteile aus eurer Beziehung gewinnen, nur, weil er ein Freund ist. Geschäfte sollten strikt auf Geschäftsprinzipien beruhen. Solche Angestellten, die dir auch in Schwierigkeiten zur Seite stehen, sind deine besten Freunde. Nimm niemals einen Freund in dein Unternehmen hinein, der aufgrund falscher Vertraulichkeit keine Anordnungen von dir entgegennehmen oder deinem Rat nicht folgen würde.

Lese den Charakter in den Augen

Die intuitive Methode

Die Geschichte eines Menschen ist in seinem Gehirn zu lesen und spiegelt sich in seinen Augen wider, die seinen Charakter, seine Gewohnheiten und seine Seele zeigen. Halte also Abstand von Menschen mit Augen, die sich schnell bewegen, die nicht vertrauenerweckend aussehen, die grausam wirken oder listig und schlau, sarkastisch oder rachsüchtig. Halte dich auch fern von Augen voller Hass und Augen mit einem Mangel an Aufrichtigkeit. Wenn du automatisch intuitiv zurückweichst, nachdem du einem Menschen voll in die Augen gesehen hast, dann halte dich von ihm fern.

Die spirituelle Methode

Nach einer tiefen Meditation halte deine Aufmerksamkeit am Punkt zwischen den Augenbrauen und visualisiere die Augen deines möglichen Angestellten oder Geschäftspartners. Untersuche das Gefühl, das dies in deinem Herzen hervorruft. Wenn du ein Gefühl von Angst spürst, dann stelle diesen Menschen nicht ein.

Der erste Eindruck

Halte deine Seele frei von Vorurteilen und schaue dem Menschen, den du interviewst, durchdringend in die Augen, wenn du ihn zum ersten Mal triffst. Wenn du dabei ruhig und empfänglich bleibst, dann wird dein erster Eindruck meist richtig sein.

Die magnetische Methode

Bete, nachdem du tief meditiert hast: „Vater, schicke mir den passenden Angestellten durch meine spirituelle Anziehungskraft, die durch Deine Gnade intensiviert wird."

7. KAPITEL

ERFOLGSGESCHICHTEN

Die Weisheit eines Heiligen

Eines Tages, als ich gerade zu einer Pilgerfahrt aufbrechen wollte, sagte ein heiliger Mann zu mir: „Bitte um nichts und nimm von niemandem etwas zu essen an, auch kein Geld, nicht einmal von deinem Vater." Ich sagte: „Aber wenn ich dann gar nichts mehr zu essen habe, soll ich dann verhungern?" Er sagte: „Dann stirb! Stirb – und erfahre, dass du durch die Macht Gottes lebst und nicht, weil du Brot zu essen hast."

Erinnert euch, wir alle leben direkt durch die Macht Gottes. Wenn du das wirklich in dir verwirklicht hast, dann wird die ganze Welt auf dich hören. Setze dich als Erstes in Verbindung mit deiner Göttlichkeit. Werde eins mit Gott. Empfange als Erstes den Segen aus der Hand Gottes. Erkenne, dass alle Macht, aller Segen, aller Wohlstand und alle Gesundheit nur von Ihm kommt.

Der große und der kleine Frosch

Ein großer, dicker Frosch und ein kleiner Frosch fielen in einen Milchtopf mit hohen, schlüpfrigen Wänden. Sie schwammen und schwammen stundenlang und versuchten, aus dem Topf herauszukommen. Erschöpft greinte der große Frosch: „Kleiner Bruder Frosch, ich kann nicht mehr!" Er hörte auf zu paddeln und sank auf den Boden des Gefäßes.

Der kleine Frosch aber sagte sich: „Wenn ich hier aufgebe, werde ich sterben, also muss ich weiterschwimmen." Zwei Stunden vergingen und auch der kleine Frosch konnte nicht mehr. Aber als er an seinen toten Froschbruder dachte, wurde sein Wille wieder stärker und er sagte sich: „Aufgeben heißt, ganz sicher sterben. Ich werde weitermachen, bis ich sterbe. Ich werde nicht aufgeben, denn solange es Leben gibt, gibt es auch Hoffnung."

Ganz erfüllt von seiner Entschlossenheit, schwamm der kleine Frosch weiter. Stunden vergingen und als er sich vor Erschöpfung wie gelähmt fühlte und nicht mehr weiterkonnte, spürte er plötzlich unter seinen Füßen einen dicken Klumpen. Sein unaufhörliches Paddeln hatte die Milch in Butter verwandelt! Er kletterte voll Freude auf den Butterberg und hüpfte aus dem Milchgefäß heraus in die Freiheit.

Erinnere dich, wir sind alle in dem schlüpfrigen Milchgefäß des Lebens gefangen und versuchen, wie die beiden Frösche, von unseren Schwierigkeiten frei zu werden. Die meisten Menschen geben den Versuch auf und lassen sich fallen, wie der große Frosch. Aber wir müssen lernen, in unserem Bemühen durchzuhalten, um das eine Ziel zu erreichen, wie es der kleine Frosch tat. Dann werden wir durch unsere gottgelenkte, unbeirrbare Entschlossenheit eine Gelegenheit schaffen und in der Lage sein, aus dem Milchtopf der Prüfungen auf den sicheren Grund des ewigen Erfolges zu hüpfen. Wenn wir nicht aufgeben, entwickeln wir Willenskraft und werden bei allem, was wir unternehmen, erfolgreich sein.

Erfolg stellt sich durch die richtigen Methoden ein

Ein junger Mann kam zu mir und bat mich um Hilfe. Er erzählte, dass er immer Misserfolge hatte, ganz gleich, welches geschäftliche Unterfangen er auch versuchte. Ich sagte ihm: „Geh und meditiere jeden Tag und sprich dabei: Jeden Tag werde ich reicher und reicher." Er versuchte, meinen Anweisungen zu folgen, aber nach etwa einem Monat kam er wieder und sagte: „Es funktioniert nicht. Ich werde ärmer und ärmer."

Ich sagte ihm: „Stimmt es nicht, dass du, als du die Affirmation gesprochen hast, im Hintergrund deines Geistes eine kleine Stimme gehört hast, die immer wieder sagte: „Du armer Narr, du weißt doch, dass du jeden Tag immer ärmer werden wirst?" Er sagte: „Ja, das stimmt."

Da sagte ich ihm mit all meinem Mitgefühl: „Du musst wirklich zutiefst an das glauben, was du affirmierst. Du musst deinen Geist regelrecht mit ihrer Bedeutung aufladen und die Affirmation ständig sprechen – das wird deine Willenskraft in großem Maße stimulieren. Zusätzlich musst du einen schrittweisen Plan ausarbeiten, denn du wirst vom göttlichen Gesetz geführt. Erinnere dich, es sind deine eigene Schöpfungskraft, deine gegenwärtigen positiven Lebensumstände und dein gutes Karma der Vergangenheit, die dir Wohlstand bringen können. Wenn du das göttliche Gesetz annimmst und es anwendest, dann werden alle anderen Gesetze, die dir schlechtes Karma bringen, sowie alle deine falschen Lebensumstände aufgelöst werden."

Ich sagte dem jungen Mann, dass er mit mir zusammen meditieren sollte, und als ich merkte, dass er die innere Glückseligkeit des Kontaktes mit dem Göttlichen spürte, sagte ich: „Jetzt wird es klappen". Er hatte aber immer noch Zweifel und erwiderte: „Das glaube ich nicht."

Ich sagte: „Okay, in zwei Wochen werde ich mit deiner Hilfe 5 000 Dollar verdienen."

„Mit meiner Hilfe, und 5 000 Dollar?", rief er fassungslos.

Ich sagte: „Ja. Lass uns zusammen meditieren und Gott fragen, wie wir unser Geld investieren sollen, damit wir die 5 000 Dollar verdienen." Also setzten wir uns hin und meditierten, bis der Kontakt zum Göttlichen da war. Als dies geschah, sagte ich: „Vater, sag mir, was ich tun soll." Während der Meditation sah ich zwei Häuser. Wir kauften diese beiden Häuser und dann, schon nach kurzer Zeit, wollte jemand genau die Häuser haben und bezahlte mir genau 5 000 Dollar mehr, als ich bezahlt hatte.

Du solltest dich immer von der göttlichen Macht lenken lassen, die unfehlbar ist. Wenn ich dies erkenne, so kannst du das auch. Wenn ich etwas erblicke, so kannst du auch die ätherische Macht wahrnehmen, die durch dich fließt, durch deine Sprache, durch dein Gehirn, durch deinen Körper, durch dein Denken. Jeder Gedanke ist ein Kanal, durch den das göttliche Licht fließt. Öffne dein Herz, so-dass der göttliche Fluss durch dich hindurchströmen kann.

Gottes Segen

Im Jahr 1925, als ich anfing, in San Francisco Vorlesungen zu halten, merkte ich, dass ich nur noch 200 Dollar auf der Bank hatte, ohne dass ich weitere Einnahmen zu erwarten hatte. Gleichzeitig musste ich ein großes Institut finanzieren. Als ich meinem Sekretär sagte, dass ich nur noch 200 Dollar besaß, fiel dieser fast hinten über. Ich sagte: „Was ist mit dir los? Gott ist doch bei uns. Er wird uns gerade jetzt nicht verlassen. Innerhalb von sieben Tagen wird Er uns alles schenken, was wir brauchen".

Als ich einige Tage später vor dem Palast-Hotel auf und ab ging, kam ein Mann zu mir und sagte: „Ich möchte Ihnen gerne helfen". Ich protestierte: „Aber Sie kennen mich doch gar nicht." Er antwortete: „Ich kann es an Ihren Augen sehen". Und ohne zu zögern, schrieb er mir einen Scheck über 27 000 Dollar aus. Das ist das Geld, mit dem ich anfing, die Zeitschrift „Innere Kultur" herauszugeben.

Zwei Blinde, die reich werden wollten

Akbar der Große war einer der größten Könige von Indien. Er wurde „Wächter der Menschheit" genannt, weil er so wohlmeinend in seiner Herrschaft war und weil er so hingebungsvoll versuchte, verlorene Bereiche seines einstmals riesigen Reiches wiederzugewinnen. Dieser mildtätige König verteilte nur Wohltaten an Menschen und Gruppen, die dieses dringend brauchten.

Eines Tages, als die Prozession des Königs über eine Straße zog, sah er zwei blinde Männer, die einige Meter voneinander entfernt saßen und laut um Almosen baten. Der König ließ seine Kutsche anhalten und stellte Nachforschungen an. Der erste Blinde rief: „Nur der, dem der König gibt, der wird reich werden." Der zweite Mann rief: „Nur der, dem Gott gibt, der wird reich werden."

Immer, wenn die Prozession von nun an über diese Prachtstraße zog, hörte der König diese Forderungen an ihn selbst und an Gott. Schließlich befahl der König, der sich von dem Ruf des ersten Blinden geschmeichelt fühlte, der immer wieder ausrief: „Nur der, dem der König gibt, der wird reich werden!", dass ein großer Brotlaib gebacken werden sollte, dessen Inneres mit purem Gold gefüllt wurde. Der König schenkte den Brotlaib dem ersten Blinden und ignorierte vollständig den zweiten blinden Mann, der glaubte, dass Gott allein ihn reich machen könne.

Nachdem er einige Wochen auf einer Jagdreise gewesen war, führte den König sein Weg erneut durch die Prachtstraße und er kam an dem ersten Blinden vorbei, dem er den Brotlaib gegeben hatte. Der Mann rief immer noch: „Nur der, dem der König gibt, der wird reich werden!". Der König fragte ihn: „Was hast du mit dem Laib Brot gemacht, den ich dir geschenkt habe?" Der Blinde antwortete: „Eure Königliche Hoheit, der Laib, den Ihr mir gegeben habt, war doch viel zu schwer und groß für mich. Ich dachte, er sei nicht so gut durchgebacken und deshalb habe ich ihn dem anderen Blinden für zehn Cents verkauft. Ich war ganz froh, dass ich diese zehn Cents bekommen habe."

Der zweite Blinde war nicht mehr auf der Straße. Als er nachforschen ließ, entdeckte Akbar, dass der zweite Blinde den Laib seiner Frau gegeben hatte, die ihn öffnete und das Gold darin fand. Mit diesem Geld bauten sie sich ein Haus.

Nachdem er das gehört hatte, tadelte der König mit innerer Demut, aber mit äußerem Zorn den ersten Blinden und sagte: „Du Narr, du hast meinen goldgefüllten Laib deinem Freund gegeben, der sagte, er vertraue auf Gott und nicht auf mich, um reich zu werden. Von nun an musst du dein Motto ändern und wie dein Freund rufen: „Nur der, dem Gott gibt, der wird reich!"

Diese Geschichte hat eine wundervolle Moral. Millionen Menschen glauben heute, dass aller Reichtum von Banken, Fabriken, Arbeitsplätzen und persönlichen Fähigkeiten abhängt. Die große Weltwirtschaftskrise (Yogananda schrieb diesen Artikel im Jahr 1934) hat aber gezeigt, dass Amerika die wohlhabendste hungernde Nation ist, die es in der Welt gibt. Wenn die reichste Nation der Erde ohne irgendeine nationale Katastrophe so ganz plötzlich in die Armut gestürzt werden kann, dann zeigt das, dass es göttliche Gesetze gibt, die unser körperliches, geistiges, spirituelles und finanzielles Leben beherrschen.

Strebe darum jeden Tag danach, reich zu werden, gesund, weise und glücklich, nicht, indem du anderen ihre Gesundheit, ihren Wohlstand und ihr Glück nimmst, sondern indem du alles, was du tust, analysierst und planst, damit du das Leben von anderen besser und glücklicher machen kannst, während du versuchst, selbst wohlhabender und glücklicher zu werden. Lerne, das Glück und das Wohlbefinden anderer zu einem Bestandteil deines eigenen Glückes zu machen.

Bete ganz aufrichtig: „Vater, segne uns, damit wir uns immer an Dich erinnern und nie vergessen, dass alle Dinge in Dir ihren Ursprung haben."

Geld ehrlich und arbeitsam zu verdienen, um damit Gottes Werk zu tun, ist nach der Kunst, Gott selbst zu verwirklichen, die nächstgroße Kunst.

Geld im Überfluss zu verdienen, aber selbstlos, ehrlich und schnell, um damit Gott und Gottes Werk zu dienen und andere glücklich zu machen, hilft dabei, viele Eigenschaften mit großem Können zu entwickeln, die dich auf dem spirituellen wie auch auf dem materiellen Pfad unterstützen werden.

8. KAPITEL

„SUCHE ALS ERSTES
DAS KÖNIGREICH GOTTES"

Die meisten Menschen argumentieren, dass sie, wenn sie erst einmal wohlhabend sind, auch an Gott denken wollen. Aber du musst immer Gott an die erste Stelle stellen. Wenn du einmal einen hervorragenden Kontakt zu Gott hergestellt hast, dann wird der gesamte Reichtum des Universums dir zu Füßen liegen. Aber vergiss nie, dass all dieses von Gott kommt.

Ganz gleich, was deine Fehler sind, wenn dein gesamtes Bewusstsein auf Gott gerichtet ist, auf die Stille, dann bist du bei Gott. Wenn du alle Verpflichtungen des Lebens voll Freude ausführst, ohne dass du zulässt, dass dich irgendetwas ärgert, dann besitzt du wahre spirituelle Glückseligkeit.

Du lebst auf ganz direkte Weise durch die Macht Gottes. Stell dir vor, dass Gott plötzlich das Klima dieses Landes verändern würde. Wie würdest du dann leben? Wo könntest du deine Nahrungsmittel finden? Erinnere dich, dass Gott alles Leben erhält, das Er dir gegeben hat. Obwohl Er dein Leben so geschaffen hat, dass du abhängig von

Nahrung bist, steht Er dennoch hinter all dem. Er ist die Ursache von allem. Wenn du deshalb deine Verbindung mit Gott verlierst, wirst du zwangsläufig leiden.

Yogis haben gelernt, dass Gott nie außerhalb von ihnen selbst gefunden werden kann, aber wenn du tief in deine Seele hineingehst, in den Tempel Gottes, dann kannst du sagen: „Niemand auf der ganzen Welt kümmert sich so sehr um meine Gesundheit, meinen Wohlstand und mein Glück, wie dies mein Vater tut. Er ist immer bei mir."

So wirst du niemals mehr von einem Menschen abhängen, damit es dir gutgeht, denn Gott ist die Quelle allen Reichtums, aller Gesundheit, aller Macht und der Unsterblichkeit. Wenn du dieses Bewusstsein in dir trägst, dann ist es dir egal, was geschieht, weil du in den unsterblichen Armen Gottes ruhst. Jesus hatte kein Geld, und dennoch war er der glücklichste Mensch auf der ganzen Welt. Er nannte Gott sein Eigen und er wusste, dass Gott für alles sorgte, was er brauchte.

Du lähmst deine Erfolgseigenschaften durch Angstgedanken. Erfolg und Vollkommenheit des Geistes und Körpers sind angeborene Eigenschaften des Menschen, weil er nach dem Bild Gottes geschaffen wurde. Damit du aber dieses Geburtsrecht beanspruchen kannst, musst du dich als Erstes von der Illusion deiner eigenen Begrenztheit befreien.

Gott besitzt alles. Deshalb wisse zu jeder Zeit, dass du als das Kind Gottes ebenfalls alles besitzt, was dem Vater gehört. Du solltest dich deshalb restlos zufrieden und glücklich fühlen, im vollen Bewusstsein, dass du Zugang zu allen Besitztümern des Vaters hast. Deine angeborene Ausstattung ist Vollkommenheit und Reichtum, aber du entscheidest dich stattdessen für Unvollkommenheit und Armut. Das Gefühl, alles zu besitzen, muss eine geistige Selbstverständlichkeit für jeden Menschen werden.

Der sicherste Weg zur umfassenden Effizienz oder besser, zur Erlangung von Gesundheit, Reichtum, Frieden und Weisheit, liegt darin, dass du deine Wünsche und Sehnsüchte mit Hilfe deines ruhigen geistigen Mikrophons an Gott übermittelst – so lange, bis du Seine Antwort in Form der Erfüllung deiner passenden Wünsche empfängst. Du musst dich jedoch immer daran erinnern, dass Gott denen hilft, die sich selbst helfen, deshalb musst du auch alle Anstrengungen unternehmen, die dir zum Erfolg verhelfen.

Visualisierungen oder Affirmationen für Erfolg können dein Unterbewusstsein stärken, das dann wiederum dein Bewusstsein stärkt. Das Bewusstsein jedoch muss trotzdem immer noch Erfolg *erlangen* und wird von dem Gesetz von Ursache und Wirkung behindert. Der bewusste Geist kann dein Karma nicht verändern, damit du einen wirklichen Erfolg erlebst. Aber wenn der menschliche Geist sich mit Gott in Verbindung setzt, dann kann der überbewusste Geist sich seines Erfolges sicher sein, denn er ist mit der unbegrenzten Macht Gottes verbunden.

Denke an die Göttliche Fülle wie an einen mächtigen erfrischenden Regen – was du immer an Empfänglichem in der Hand hältst, wird davon benetzt werden. Wenn du eine kleine Tasse in die Luft hältst, dann wirst du auch nur diese kleine Tasse füllen können. Wenn du ein Fass in die Luft hältst, dann wird dieses gefüllt. Was ist es, was du an Empfangsbereitem der Göttlichen Fülle entgegenstreckst? Vielleicht ist deine Empfänglichkeit fehlerhaft. Wenn das so ist, dann muss sie repariert werden, indem du alle deine Ängste austreibst, allen Hass, allen Zweifel, allen Neid, und dann muss sie gereinigt werden, indem du sie mit den reinigenden Wassern des Friedens, der Stille, der Andacht und der Liebe spülst.

Göttliche Fülle folgt dem Gesetz des Dienens und der Großherzigkeit. Gib und dann empfange. Gib also der Welt das Beste, was du hast, und dann wird auch das Beste zu dir zurückkommen.

Aller Wohlstand wird einem Menschen entsprechend dem Gesetz von Ursache und Wirkung zugemessen, alles, was er in diesem und allen seinen vergangenen Leben angesammelt hat. Das erklärt, warum einige arm und krank geboren werden und andere gesund und wohlhabend. Alle Menschen waren ursprünglich Kinder Gottes, die nach Seinem Bild geschaffen wurden, ausgestattet mit einem freien Willen und gleicher Macht, etwas zu verwirklichen. Aber durch den Missbrauch der gottgegebenen Vernunft und durch seine eigene Willenskraft hat der Mensch sich unter das Gesetz des Karmas begeben und dadurch sein Leben begrenzt. Der Erfolg eines Menschen hängt nicht nur von seiner Intelligenz und seiner Effizienz ab, sondern auch von der Natur seiner früheren Handlungsweisen. Es gibt jedoch einen Weg, alle ungünstigen Folgen seiner vergangenen Handlungen zu überwinden. Sie müssen zerstört und eine neue Ausrichtung muss in Gang gesetzt werden.

Manche Psychologen lehren irrtümlicherweise, dass man zu Henry Ford werden kann, wenn man Henry Ford nur intensiv genug visualisiert. Aber ganz egal, wie stark alle Menschen auf der Welt Henry Ford visualisieren würden – niemand von ihnen könnte werden wie er. Das ist gemäß den Gesetzen des Karmas unmöglich, die diese Erde und das Schicksal der Menschen darauf beherrschen.

Nicht alle Menschen dieser Erde können Millionäre werden, aber alle Menschen können durch echtes Bemühen ihre verlorene Göttlichkeit zurückgewinnen und wahre Kinder Gottes werden.

Der sicherste Weg, wie man reich werden kann, liegt darin, dass man nicht mit falschen Gebeten darum bettelt, sondern dass man als Allererstes seine Einheit mit Gott herstellt und danach den Anteil des göttlichen Sohnes verlangt. Das ist der Grund, aus dem Jesus gesagt hat, dass die Menschen der Welt fälschlicherweise als Erstes Brot verlangen, während sie als Erstes das Königreich Gottes erwerben sollten, denn dann werden alle Dinge, aller Reichtum, zu ihnen kommen, ohne dass sie darum bitten müssen.

Das ist jedoch leichter gesagt als getan. Du musst darum lernen, diese Wahrheit in deinem Leben wirklich zu zeigen. Du musst dich erinnern, dass Jesus aus Erfahrung sprach, als er sagte: „Ich und mein Vater sind eins." Deshalb konnte er befehlen, dass Stürme sich legen sollten, er konnte Wasser in Wein verwandeln und die körperlich und geistig Leidenden heilen. Er war spirituell sehr erfolgreich und kannte deshalb die Kunst geistigen und materiellen Erfolgs.

Ein Mensch sollte mit machtvoller Konzentration Gott bitten, seinen auf Ihn ausgerichteten Geist an die richtige Stelle für den richtigen Erfolg zu lenken. Passive Menschen möchten, dass Gott die ganze Arbeit tut, und Egoisten schreiben sich selbst jeden Erfolg zu. Passive Menschen nutzen die Macht der Intelligenz Gottes in sich selbst nicht. Egoisten, die die gottgegebene Intelligenz für sich nutzen, vergessen jedoch, um Gottes Rat zu bitten, wo und wie sie diese Intelligenz einsetzen sollten.

Du solltest sowohl Passivität als auch Egoismus vermeiden. Am frühen Morgen und bevor du zu Bett gehst, stelle einen positiven Kontakt zu Gott her, damit du erfolgreich wirst.

Versuche, dein Verlangen nach Geld mit deinem Verlangen nach Spiritualität in Einklang zu bringen. Lass keins von beiden das andere beherrschen. Sei niemals so damit beschäftigt, dich um Materielles zu kümmern, als dass du keine Zeit mehr für Meditation oder spirituellen Dienst hast. Andererseits denke nicht, dass du zu spirituell bist, um dir materiellen Erfolg zu wünschen. Jemand, der im materiellen Leben erfolglos ist, kann nicht in den Himmel kommen. Der spirituell selbstbezogene Mensch, der das materielle Leben ignoriert, wird mit einem Verlust seiner geistigen Balance bestraft. Die gesamte materielle Tätigkeit sollte immer im Dienst deiner Mitmenschen stehen.

Sei also nicht einseitig. Führe ein geregeltes Leben und bilde Schwerpunkte bei deinen Verpflichtungen. (Verpflichtungen sollen immer mit Freude und einem Gefühl des Privilegiertseins unternommen werden, nicht mit einem Gefühl, eine Schuld abzutragen.) Das Bewusstsein deiner spirituellen und moralischen Verpflichtungen sollte in deinem Geist vorherrschen und vor allen anderen Verpflichtungen stehen. Die intellektuellen Verpflichtungen stehen noch vor den materiellen, wobei die materiellen Verpflichtungen sehr wichtig sind und durch gesellschaftliche, patriotische und internationale Pflichten ergänzt werden sollten.

Die Botschaft deiner Seele kann Gott nicht durch dein geistiges Mikrophon erreichen, wenn sie von den Hämmern der Rastlosigkeit beschädigt wird, deshalb musst du sie reparieren, indem du sowohl am Morgen wie auch vor dem Schlafen in tiefes Schweigen fällst, bis alle Rastlosigkeit aus deinem Denken verschwunden ist. Wenn das geistige Mikrophon mit Hilfe deiner Ruhe repariert ist, dann affirmiere aus tiefstem Herzen: „Mein Vater und ich sind eins,", bis du die Antwort Gottes durch einen stets zunehmenden Frieden in deiner Meditation spürst. Dieser zunehmende Friede, diese Seligkeit, ist das sicherste Zeichen des Kontaktes zu Gott und auch Seine Antwort.

Du solltest deine Botschaft: „Mein Vater und ich sind eins" so lange aussenden, bis du die überwältigende, alles tröstende Seligkeit Gottes spürst. Wenn das geschieht, dann hast du den Kontakt geschaffen. Dann fordere dein himmlisches Recht, indem du affirmierst: „Vater, ich bin dein Kind. Führe mich zu meinem rechten Reichtum."

Es geht nicht darum, dass du als Erstes deinen Willen einsetzt und handelst, sondern du musst als Erstes den Kontakt zu Gott herstellen und so deinen Willen und dein Handeln auf das rechte Ziel ausrichten.

Du wirst keine Antwort erhalten, wenn du einfach jemanden durch ein Mikrophon anschreist und dann wegläufst. In derselben Weise solltest du nicht nur einmal beten und dann wegrennen, sondern du musst ständig dein Gebet zu Gott durch dein ruhiges geistiges Mikrophon übermitteln, bis du endlich Seine Stimme hörst. Die meisten Menschen beten nicht mit der Entschlossenheit, wirklich eine Antwort bekommen zu wollen.

Der sicherste Weg, Gesundheit, Reichtum, Frieden und Weisheit zu erhalten, besteht darin, als Erstes deine verlorene Göttlichkeit zurückzufordern, indem du ständig deine Botschaft zu Gott durch dein ruhiges geistiges Mikrophon sendest, bis du Seine Antwort durch die Zunahme der Seligkeit der Meditation empfängst.

Wähle irgendein spirituelles oder materielles Verlangen und lasse es in der kosmischen Schwingung fließen, die du während der Praxis der OM-Technik[2] der Meditation hören und fühlen kannst. Dein Verlangen wird erfüllt, wenn du in einem bewussten Kontakt mit der kosmischen Schwingung bist. Versuche darum, vor allem ein Verlangen zu haben, nämlich, im Kontakt mit der kosmischen Schwingung zu sein bei allem, was du tust. Teile dieses höchste Verlangen wieder und wieder mit der kosmischen Schwingung. Wenn du bei Ihm bist, wirst du alles haben.

---

2   Für weitere Informationen über diese Meditationstechnik kontaktieren Sie Cristal Clarity Publishers.

Affirmiere täglich: „Herr, Du bist der, der für mich sorgt. Manifestiere Deinen Reichtum durch mich. Vater, Du bist mein Reichtum, ich bin reich. Du bist der Besitzer aller Dinge. Ich bin Dein Kind. Mir gehört, was Dir gehört." Affirmiere dies am Morgen, bevor du zur Arbeit gehst. Erinnere dich daran, nach den göttlichen Gesetzen zu leben, und daran, dass Er dir immer den richtigen Weg zeigen wird.

Die Reichtümer der Welt sind kurzlebig, aber die Reichtümer Gottes sind unvergänglich. Durch Millionen von Inkarnationen hindurch hast du deine Seele gefoltert – und der einzige Weg, Erlösung zu finden, besteht darin, mit Gott in Kontakt zu kommen. Wenn du das geschafft hast, wirst du eine tiefere Freude dein Eigen nennen, als dir alle Reichtümer dieser Welt verschaffen können. Sei ein Kind des Vaters des Universums und sage: „Irdische Reichtümer sind nichts als Spielzeuge. Ich bin reich, denn ich habe meinen Gott!" Sei dir Seiner ganz sicher – und unvergängliche Reichtümer werden in diesem und in weiteren Leben dir gehören.

STICHWORTVERZEICHNIS

ÜBER DEN AUTOR

Paramhansa Yogananda war der erste Yogameister aus Indien, der seinen dauerhaften Wohnsitz im Westen nahm und auch dort unterrichtete. Yogananda kam 1920 in Amerika an und reiste dann durch die gesamten Vereinigten Staaten, um dort eine Art „Spirituellen Feldzuges" durchzuführen. Seine Zuhörer, die sehr begeistert von ihm waren, füllten die größten Vortragshallen in Amerika. Er war eine nationale Sensation und seine Vorträge und Bücher wurden landesweit in den größten Magazinen dieser Zeit besprochen, darunter im *Time Magazine, Newsweek* oder in *Life*. Yogananda wurde sogar ins Weiße Haus zu Präsident Calvin Coolidge eingeladen. Yogananda hielt bis zu seinem Tod im Jahr 1952 weiter Vorträge und schrieb Artikel.

Als Autor der *„Autobiografie eines Yogi"*, das erstmals 1946 veröffentlicht wurde, trug Yogananda dazu bei, eine spirituelle Revolution in der ganzen Welt ins Leben zu rufen. Seine Botschaft war universell und religionsübergreifend.

Die stärkende Kraft der Meditation – innere Ruhe und Klarheit gewinnen
Paramhansa Yogananda

Taschenbuch, 144 Seiten, ISBN 978-3-86616-441-3

Dieses Buch des weltberühmten Yogameisters Paramhansa Yogananda (Autor von „Autobiografie eines Yogis") ist ein „Juwel der Weisheit", denn es zeigt uns klar und direkt den Pfad zu wahrer innerer Kraft und Stärke und legt dar, wie wir als Menschen unser größtmögliches Potential realisieren können Denn alles, was wir suchen, ist schon da: in uns selbst, ein „göttlicher Samen", der nur befreit werden muss von inneren Hindernissen, negativen Gedanken und belastenden Gefühlen. Die hier erstmals in deutscher Sprache veröffentlichten Texte mit vielen praktischen Übungen, Affirmationen und Meditationen weisen den Weg in eine neue Dimension des eigenen Lebens. Ein Buch für alle, deren sehnlichster Wunsch es ist, rückhaltlos ihre höchste Bestimmung zu leben und ihr ganzes inneres Licht strahlen zu lassen!

Vollkommene Gesundheit und Vitalität
Paramhansa Yogananda

Taschenbuch, 144 Seiten, 10 Fotos, ISBN 978-3-86616-402-4

Dieses Buch stammt direkt aus der Quelle der Weisheit eines der bedeutendsten spirituellen Lehrer des 20. Jahrhunderts, und es vermittelt ein einzigartiges und außergewöhnliches spirituelles Wissen. Es zeigt umfassend, wie Sie ganz praktisch und konkret im Einklang mit den natürlichen kosmischen und göttlichen Energien leben können und sie gezielt und effektiv für die Erhaltung Ihrer Gesundheit und Vitalität nutzen können. Behandelt werden alle essentiellen Themen, die ein lebenslanges Wohlergehen ermöglichen, von den vielfältigen Aspekten der Ernährung, über Techniken der Entspannung, Regeneration und Verjüngung bis hin zur bewussten Lenkung kosmischer und göttlicher Energien. Das Buch vermittelt Gesundheitswissen von unschätzbarem Wert, das bei jedem Menschen zu lebenslangem Wohlbefinden beitragen kann.

Yoga des Yogananda
Klassische Texte und Übungen für heute
Jayadev Jaerschky

Broschur, 352 Seiten, 200 farbige Fotos,
ISBN 978-3-86616-442-0

Yogananda gilt als einer der herausragendsten spirituellen Persönlichkeiten des 20 Jahrhunderts. Mit seinem Bestseller „Autobiografie eines Yogi" hat er Menschen weltweit eine ganz neue geistige Dimension des Yoga eröffnet. Dass hier nun erstmals ein vollständiges Handbuch seiner einmaligen Praxis zur Verfügung steht, ist ein großes Geschenk für alle, die den Yogaweg gehen. Denn es verbindet uns mit der Quelle der Weisheit eines erwachten Meisters, dem Yoga immer ein Weg der inneren Befreiung und des tiefen Mitgefühls war. Nichtsdestotrotz sind die Übungen und Meditationen der Energiewahrnehmung und -lenkung, die Affirmationen sowie Positionen und die vielen praktischen Hinweise absolut einzigartig und führen uns, ob Anfänger oder Fortgeschrittene, stets zur unmittelbaren Essenz des Seins.

Die Essenz des spirituellen Weges
Die Weisheit des Paramhansa Yogananda
Swami Kriyananda

Paperback, 224 Seiten, ISBN 978-3-86616-380-5

Die aufgezeichneten Texte dieses Buches sind ein strahlendes Juwel der spirituellen Literatur, ein kostbares Geschenk für jeden Menschen, der nach den letzten Antworten sucht. In jedem Abschnitt, in jedem Kapitel atmet es die Aura des erleuchteten Geistes von Paramhansa Yogananda, einem der bedeutendsten geistigen Lehrer des zwanzigsten Jahrhunderts und Autor des weltberühmten Meisterwerkes „Autobiografie eines Yogi". Aufbewahrt und aufgeschrieben von einem seiner engsten Schüler und selbst berühmt gewordenen Lehrer Swami Kriyananda begegnen wir hier den zeitlosen universellen Wahrheiten aller wichtigen Menschheitsthemen. Dieses Buch gibt Antworten auf alle wirklich bedeutenden Fragen des spirituellen Lebens und führt zur Selbstverwirklichung. Es ist von Liebe, Weisheit und der einmalig spirituellen Klarheit eines erleuchteten Meisters erfüllt.

Der Aufstieg der Seele
Meditationsübungen des Raja-Yoga
Swami Kriyananda

Paperback, 240 Seiten, ISBN 978-3-86616-298-3

Wer sich auf die Übungen dieses ungewöhnlichen Buches einlässt, ganz gleich ob Anfänger oder Fortgeschrittener, der kann mit dem hier erstmals vermittelten Wissen zu höchstem Bewusstsein gelangen. Die detaillierten, praxisnahen Beschreibungen sowie die sehr konkreten Meditationsanleitungen aus der Tradition des Raya-Yogas führen den Leser Schritt für Schritt zum Erwachen des Geistes. Auch die Auswirkungen auf die Physiologie sowie der Nutzen für das tägliche Leben werden sehr ausführlich beschrieben. Selten zuvor hat es solch klare Anweisungen für den Prozess der Erleuchtung gegeben wie in diesem Buch, das inspiriert ist von der großen Weisheit des berühmten Paramahamsa Yogananda, Autor des Weltbestsellers „Autobiografie eines Yogis".

Intuition für Anfänger
Der inneren Führung vertrauen
Swami Kriyananda

Taschenbuch, 112 Seiten, ISBN 978-3-86616-382-9

Wenn dieses Buch Ihr Interesse weckt, dann steckt dahinter vielleicht schon die Kraft Ihrer Intuition! Gut so! Denn dieses in Fachkreisen hochgelobte Buch ist ein echter Schatz für alle, die einen ganz praktischen und unmittelbaren Zugang zu ihrer eigenen Intuition finden möchten. Es zeigt, dass diese innere Weisheit nicht einfach nur ein vages Bauchgefühl oder eine Vermutung ist, sondern eine angeborene menschliche Fähigkeit, die sich ganz gezielt trainieren und schulen lässt. Die eigene Intuition immer klarer zu erkennen und zu unterscheiden, ihr mehr und mehr zu vertrauen, sie bewusst einzuüben und für Entscheidungen des Alltag zu nutzen, darum geht es in diesem Buch!

Die Praxis der Meditation
Auf der Grundlage der Lehre von Paramhansa Yogananda
Alan L. Pritz

Paperback, 272 Seiten, ISBN 978-3-86616-366-9

In diesem Buch wird Meditation als spiritueller Weg begriffen: Es wird gezeigt, wie Bewusstsein und Lebenskraft verfügbar gemacht werden und wie sich die individuelle Seele mit dem Göttlichen vereinen kann. Ausgehend von den Lehren des berühmten indischen Yogis Paramhansa Yogananda wird mit großer Kenntnis die yogische Lebensweise vermittelt, und viele Fragen, die sich zu Beginn der Praxis stellen können, werden von dem Autor, einem sehr erfahrenen Meditationslehrer, kompetent beantwortet. Zahlreiche anschaulich erklärte Übungen zu Körpervorbereitungen, Bewusstseinslenkung, Wahrnehmung und Meditationen machen das Buch zu einer meisterlichen Einführung in die Praxis der Meditation und zu einem großartigen Begleiter auf der eigenen spirituellen Reise.

Die spirituelle Dimension des Hatha-Yoga
Erwachen in ein höheres Bewusstsein
Gyandev McCord

Klappenbroschur, 256 Seiten, 180 farbige Fotos, ISBN 978-3-86616-386-7

Das Üben von Yoga ist wohltuend und gesund für Körper und Seele, doch in der Essenz ist es ein geistiger Weg der Selbsterkenntnis und inneren Transformation. Mit diesem Buch werden Sie die Yoga-Praxis in einer ganz neuen spirituellen Dimension und Kraft kennen lernen, sein wahres Potential und seine außergewöhnlichen Wirkungen auf Bewusstsein und Energiekörper entdecken. In der Tradition des berühmten Lehrers Paramhansa Yogananda, Autor des weltbekannten Bestsellers „Autobiografie eines Yogis", zeigt Gyandev McCord, wie Yoga zu einem einzigartigen Werkzeug spirituellen Wachstums werden und zu wahrhaftigem innerem Frieden und Glück führen kann.